見る読書

榊原英資
Sakakibara Eisuke

ベスト新書
585

はじめに

いま、世界でも日本国内でも、専門家にも見通せない予測不能な出来事が、次から次へと起こっています。

たとえば、トランプ米大統領の誕生。2017年1月でした。

彼が大統領選挙への出馬を表明したとき、世界のほとんどの人は冗談だろうと笑い、泡沫候補と見なしたはずです。大統領選の開票直前でも、ほとんどの専門家やメディアは、ヒラリー候補の優勢を伝えていました。

大統領になっただけでも驚きでしたが、実際に打ち出した政策を見ると、「メキシコとの国境に壁をつくる」とか「国家安全保障の観点から、輸入する鉄・アルミニウム製品に高関税をかける」とか、これまでの国際感覚からすれば明らかに〝非常識〟。

まさかやるはずがない、という見方が大勢を占めた話ばかりです。

気持ちはわからないではないにせよ、「壁の費用はメキシコ持ち」や「同盟国カナダやEUにも高関税」と聞けば、そりゃないだろう、と誰でも思うでしょう。しかし、そんな政策を掲げても、政権の支持率は50％近いのが、現在のアメリカです。

あるいは、プーチン大統領によるクリミアのロシア編入。これは14年3月でした。

クリミア半島は、九州と四国の中間くらいの面積で人口235万人。そんな大きな半島を、ロシアが戦争もやらずに住民投票だけで、ウクライナ領土から自国領土へと変更してしまうとは、やっぱり誰にも予測できませんでした。

当のウクライナはもちろん、国連も欧米諸国も日本も編入を認めていませんが、世界はロシアに対する経済制裁以外には何の手出しもできないまま、今日に至っています。

日本国内の事件に目を転じると、たとえば国の中央官庁で、公式文書が改竄《かいざん》されたり、存在しないとされていた文書が出てきたり、予想外の出来事が頻発しています。一流とされてきた企業のデータ改竄といった不祥事も目立ちます。

大蔵省出身の私は、なんとか日本がやっていけているのは、政治家がダメでも優秀な官僚がしっかり仕事をしているからだ、と主張してきましたので、情けないかぎりです。

政治主導や官邸主導を声高に叫びすぎて、上級官僚の人事を内閣人事局に一元化してしまったことがきっかけでしょうが、まさか、ここまで見通しのきかない状況になってしまうとは。

こうした予測不能な世界、まさに不確実性の時代を見通し、的確な判断を重ねて有効な対策を講じ、うまく生き抜いていくには、私たちは、どうすればよいでしょうか。

なによりも歴史に学ぶことが大切だ、と私は考えています。

歴史には、時代時代で後戻りできない〝大きな流れ〟があります。たいていの物事は、その流れにそって動きます。だから、大きな潮流やトレンドをつかむことが、現在や未来を考えるカギになるのです。

現在の世界で、誰にもあらがえない大きなトレンドの一つは「グローバル化」、もう一つは「高度情報化」でしょう。後者はＩＴ化（ＩＴ＝Information Technology）やＩＣＴ化（ＩＣＴ＝Information and Communication Technology）といってもよいと思います。

グローバル化は、国や地域の境界が低くなっていき、経済・社会・文化などさまざまな分野で地球規模の動きや変化が生じることですね。

グローバル化と高度情報化は裏表の関係にあり、互いに影響を及ぼし合って、どちらの動きも加速させていきます。

ところが、ここにきてグローバル化の反作用ともいうべき動きが目立ってきました。

国境が溶けてなくなってしまうような変化に反発し、自国第一を掲げ、力で自分の要求を通そうとするナショナリズム的な動きです。

アメリカやロシアの〝やりたい放題〟もそうで、これらは、グローバル化という大きな流れが生みだしたものと見ることができるでしょう

大統領がツイッターで国民に直接語りかけるやり方もＩＣＴのお陰です。トランプ政権の支持率の背景にも、やはり世界の大きなトレンドがあるわけです。

歴史の大きな流れを知るには、信頼できる人が時間をかけて物事や事態を分析した本を読むのがいちばんだ、と私は思っています。

「ニュース」という呼び方のとおり、新聞・テレビなどのメディアは、時々刻々新しく起こる出来事を伝えることに熱心で、歴史を振りかえることが得意ではありません。日々もたらされては消えていく情報を追いかけ、振りまわされるのではなく、ある問題意識を持って本を読むことは、予測不能な時代を生きる現代人にとって、もっとも大切なことの一つではないでしょうか。

そんな思いから私は、歴史をはじめさまざまな分野の本を読んできました。自分が専門とする経済や金融・為替分野に限らず、さまざまな論文や本も書いてきました。

そのなかで私は、「本は読まずに見る」という、人とはちょっと変わった読書法を、自分なりに身につけてきたように思います。

この本では、まず私の読書法を紹介し、自分の中に活字情報をインプット（入力）するためのコツをお教えします。

付箋もノートもいりませんし、面倒なことは何一つありません。私が推奨するのは、ただ自分の頭や心を信じ、自分の頭や心だけに頼れ、というとても簡単な方法ですから、ぜひ試してください。

そのうえで、子どもや学生時代に読んだ本、歴史を学ぶ本、世界を縦・横・斜めに見て視野を広げる本、さらには世界や日本の経済を見通す本などについて、本の内容や著者を具体的に紹介していきます。

それなりに読書を重ねてきた熟年層や高齢層の人たち。

ビジネスの必要から読書することが多い働き盛りの人たち。

レポートや卒論を書くために読書を求められる学生たち。

定年で〝第二の人生〟を迎え、読書で新しい世界を広げようと思う人たち。

そんなみなさんには、私の読書法や読書体験がきっと参考になるに違いない、と思っています。

最後の章では、成熟期に入った日本や日本人の「今日よりいい明日はない」生き方についても、お話ししておきました。

成熟日本に必要な生き方と同じように、みなさんには、力まず焦らず、自由気ままに、読書の世界を広げていってほしい、と私は心から願っています。

２０１８年７月

榊原英資

目次◎見る読書

第3章 歴史を学ぶ ——大局観が身につく本

第1章　「さわり」を読む

――頭の中に残る情報だけが重要だ

本は「読む」ものではない。「見る」ものだ

この『見る読書』という本を手に取ってくださった方は、私の〝読書法〟や〝読書術〟を自分が本を読むときの参考にしたい、と考えていらっしゃるでしょうか。これまで私がどんな本を読んできたかにも、興味をお持ちかもしれません。

ありがたいことです。そんなみなさんに、最初にお伝えしたいことがあります。

私は、あまり本を読みません。

「おいおい、何いってんだ！」「のっけから話が違うじゃないか!!」と、この本を放り投げないでください。

あまり本を読まないと私がいうのは、本なんてまず買わないし、活字に目を通すこともめったにない、という意味ではありません。本はたくさん買います。オフィスにも自宅にも大量に持っています。誰かの文章にも、本を書きますから自分の文章にも、触れない日

はありません。にもかかわらず、あえていえば「読まない」のです。
じつは私は、こう考えています。

本は「読む」ものではない。本というのは「見る」ものだ。

そんな馬鹿な。1冊の本を隅から隅まで熟読する。二度三度と読み直す。あるいは〝座右の書〟を折に触れて読み込む。ある本の〝本質〟とは、そのようにして初めてつかめるものではないか――と、あなたは思っているかもしれません。

そういうことはあるし、そんな本もあるに違いない、と私も思います。そのことを否定するつもりはありません。

しかし、ほとんどの本の本質は、次の三つから、だいたいつかむことができます。

○「はしがき」や「はじめに」に書かれた著者の言葉
○「あとがき」や「おわりに」に書かれた著者の言葉
○「目次」で、全体を小分けにし見出しをつけて紹介された内容・構成

本の本質は、本の〝エッセンス〟と言い換えてもよいでしょう。著者が、世の中の人にどうしても伝えたいと考え、多くの人がまだ知らないから1冊の本にまとめて世に問う意味がある、と考えたことです。

その本質を説明するのに、話せば10分はかかる、書けば20ページくらい必要、なんてことはありません。「太陽ってなあに?」と幼い子どもに聞かれれば、一言で答えるのがふつうで、10分20分とだらだら説明する人はいないでしょう。

それと同じで、本質ですから、「はしがき」を2~3ページも書けば伝わります。本質を含む全体が、どんな言葉や順序や構成になっているか示すのが「目次」です。

だから、本を手に取ったら、最初に「はしがき」をお読みなさい。2~3ページの「はしがき」や目次を「読む」というのも大げさだから、そこを「見る」ようにしましょうよと私はお伝えしたいのです。

「はしがき」や目次から、本の「さわり」をつかむ

本を手にすると私は、「はしがき」「あとがき」をさっと読んで著者のいいたいことをつかみ、次に、では、どんなことが書いてあるかなと「目次」を眺めて、カギとなる言葉を拾い、全体の構成を理解します。本を、買ったり知人から本を贈られたりするときも、同じようにします。

すると、その本の「さわり」が、だいたいわかります。

極端な場合は、はしがき・あとがき・目次に目を通しただけで「これはどうしようもない、読むまでもない本だ」とわかります。趣味やそのときどきの関心事にもよりますが、自分がいま読むべき本の判断基準になるわけです。

読むまでもないとわかれば、そもそも買いません。「はしがき」すらも急いで斜め読みしすぎて、しょうもない本を買ってしまうこともありますが、そのまましばらく置いておくか、そのうちに処分するかです。

少なくとも、1冊の本に最初から最後まで付き合った挙げ句に「ああ、つまらなかった」「読まなければよかった」と思う時間のムダは、私には生じません。

もちろん、自分が大好きな作家の本だというなら、まえがきも目次も関係なしに、その人の世界にゆっくり浸ればよいでしょう。そもそも小説や詩集の多くは、まえがきも目次もついていないのがふつうです。

同じ作家でも作品の出来不出来があります。世間の評価はパッとしなくても、いまの自分にピッタリ合っていて、本当に生きていく糧になる小説もあるでしょう。それは見るだけではわからず、じっくり読まなければわかりません。

私が申しあげているのは、読書そのものを楽しむ場合ではなく、もっぱら読書を通じて必要な情報なり知識なりを得ようとするときの話ですから、念のため。

5～6ページしか本を読まなくても、ムダではない

「はしがき」「あとがき」「目次」などを見て「さわり」やアウトラインをつかんだら、次は1ページ目からゆっくり熟読していくのかというと、これも違うのです。

私の読書法は、必ずしも「熟読」とはいえません。

本の「さわり」がおおよそわかったら、そのさわりだけ読めばよい、と私は思っています。「さわり」が本のどこに出てくるかは目次でわかりますから、そこだけを重点的に、つまみ食いするように読みます。さわり部分だけは熟読・精読します。

それで著者が何を主張したいかわかり、必要としていた情報なり知識なりが手に入ったと思えば、その本はいったん置いてしまいます。最後まで読まないことのほうが、ふつうなのです。

オフィスや自宅にある大量の本のうち、私がすべてのページをめくった本は、ほとんどありません。私には「人生を変えた本」というのもありません。

ある5～6ページくらいだけ、または第3章の出だしとおしまいの項目二つだけというように、ほんの一部分しか読んでいない本も、かなり多いと思います。

「よく、そんなムダなことを！」

あなたはそう思いますか？　でも、どんな本であれ、いったん手に取ったからには最初から最後まで目を通さなければいけないと、どこの誰があなたに伝えたのでしょう。

そんな決まりは、どこにもありません。本の著者は、できれば最後まで読んでほしいと思っているでしょうが、読者にそんな要求を突きつける権利などないとも思っているはずです。この本の著者の私がそうですから、たしかな話です。

そもそもあなたは本代を支払って、著者に対する応分の義理を済ませました。プレゼントされた本でも、誰かがすでに対価を支払い済みです。200ページの本のうち5～6ページだけ読もうが、3分の1だけ読もうが、あなたの自由です。

本から得た情報が、たった3ページ分だけだったとしても、ソース（情報源、出典）のはっきりした情報が頭の中に入り、やがてほかの情報と組み合わされて、あなたの創造力の糧となっていけば、それは有用な情報です。その本は、間違いなく役に立ったといえるのです。

そう考えれば、ムダなことなど一切ありません。本代が1200円だったとしても2500円だったとしても、決して高すぎる投資をしたわけではありません。

本は、なぜ最後まで読まなければいけないのだろう

私はこう思います。

「この本は最初から最後まで目を通すべきだ」というのは、誰にいわれたことでもなくて、ほかならぬ本を買ったあなたが、そしてあなた〝だけ〟が、そう思い込んでいるので

はありませんか？

　私たちには、おカネなり時間なりをかけてわざわざ何かをしたとき、まさに「自分が始めた」という理由によって、「始めたからには続けなければならない」と思ってしまう傾向があります。

　これは、心理学やマーケティング方面で「一貫性の原理」と呼ばれる心理。人は誰でも自分の行動・態度・信念などを一貫させたい、と思いがちなのです。

　一貫させると決めておけば次にどうするか悩まずに済むし、一貫させれば自分がすでにやったことがムダや失敗にはならないと思えるからでしょう。

　でも、時間をかけて必要のない部分まで精読・熟読するほうが、時間のムダが生じてしまって、じつは「もったいない」のではありませんか？

　こんな実験があると聞きました。ある人の近所と、車か電車を使って移動が必要な遠い場所で、同じようなレストランを選びます。割烹《かっぽう》、中華、イタリアンにフランス料理、そば屋やラーメン屋などなんでもよいですが、同じグレードの店を二つ選んで、食事をしてもらうのです。すると、ほとんどの人が「遠い店のほうがおいしい」といいます。

　次に別の場所で、同じ二つの料理を食べてもらいます。

すると、どちらか一方をおいしいと感じる人、どちらも同じようにおいしいと感じる人もいて、近所の店と遠い店との違いを示すような結果は出ない、というのです。

なぜ、みんな遠い店の料理のほうがおいしいと感じたのでしょう。それは「わざわざ遠くまでいく手間をかけた」から。人は誰でも、自分がわざわざしたことがムダになるのはいやだから、「したこと」の評価をプラスに底上げしてしまうのだそうです。

同じことが、あなたの読書にも起こっていませんか？

「この本はおもしろかった」「役に立つよい本だ」というあなたの評価は、本の中身とは関係なく、ただあなたが「手間暇かけて読んだから」だけなのかもしれません。たまにはそんな反省をしてみてはどうでしょうか。

はっきりした興味や関心から、「知りたい」ことだけを集中して読む

私は論文や本をよく書きます。あるテーマについて調査なり研究なりして本の1冊も書こうと私が思ったとき、どうしているか紹介しましょう。

そのときは東京駅近くの八重洲ブックセンターあたりで、ある興味や関心にそって「こ

れは」と思う本を、十数冊～20冊くらい一気に買ってしまいます。それらの本は机の端や机のそばなど手近なところに、文字どおり「積ん読《つんどく》」します。

そして、気が向いたときや、何か詳しく知りたいことが出てきたとき、目次をパラパラと眺めて、必要と思う部分だけを読むのです。

目次からして、使われている言葉や構成がとても刺激的で、一か所を参照したら著者の論理の展開にどんどん引き込まれていき、半分続けて読んだとか、一気に最後まで読んだとかいうことが、まったくないとはいいません。でも、ほとんどありませんね。

この読み方をするときは、私の興味や関心がはっきりしていて、これから自分が書こうとする本の、それこそエッセンスがわかっています。

「著者の考えを知りたい」と漠然と思っているのではなく、「この点について知りたい」と考えていますから、何ページか読んで納得できれば、それでよいのです。

こうしたピンポイントの読書は、ある部分だけを集中して熟読・精読しますから、非常に効率的です。

必要と思う5～6ページについては、著者の論理展開を丹念に追います。たとえば「前提がこれとこれだから結論はこうなる。この推論の根拠となるポイントは以下の三つ」というような著者の考え方を、やや大げさにいえば〝追体験〟していくわけです。

「根拠を三つ挙げているが、二つ目はちょっと弱いようだ」などと思うこともあって、そこは考えながら読んでいます。反芻《はんすう》や検証をしながら読む、とはいえるのでしょう。

つまり、本に書かれた情報を「なるほど、わかったぞ」と納得しながら頭に入れることになります。すると、「とっかかり」とでもいうべきものが多くでき、より深い「刻み込み」がおこなわれて、あとから知識をより引き出しやすく、記憶をより呼び起こしやすくなります。

こうして得た情報や知識は、目的意識がないまま流れの中でなんとなく読み、漠然とつかむ情報や知識と比べると、質が大きく違っているのです。

さまざまな〝速読法〟が世の中に紹介されていますが、どんな速読術よりもこの読み方のほうが効率的なのではないか、と私は思っています。

なにしろ読まずに見るだけですから、とても速いことだけはたしかです。

繰り返して手に取る本は、結局は熟読したのと同じ

じつは、私が推奨する方法でも、結果的に本を熟読や精読したことになります。

机に向かって書きものや調べものを続けたとき、私は気分転換に椅子から立ち上がって身体《からだ》をほぐすことがよくあります。

このとき、書棚の前までいって本の背表紙を物色し、気になった本を手に取る、ということを習慣にしています。

本を手に取るきっかけは、何でもありです。

昨夜の会食で明治150年の話題が出ておもしろかったから、江戸末期のことを書いた本が気になって引っ張り出す。あるいは、たまたまテレビで築地市場のニュースを見た連想から、海洋や魚に関する本に手を伸ばす——という具合です。

それで、前に目を通したはずなのに、もう忘れている目次を眺め直し、興味のおもむくまましばらく読んだりします。そのあと「この問題、あの人は正反対の主張をしていたはずだが……」と別の本に目を通すこともあります。

これを続けていくと、好きな本や使える本は何度も手にして、さまざまな部分を読むことになります。その結果、1冊の本をまるごと熟読したのと同じ状況になるのです。

最初から最後までは読まないし、熟読も精読もしないといっても、何年間かでトータルすれば、ある本を数十回も読み、隅から隅まで読んでいることになります。

著者の鮮やかな論理に教えられ、自分で書く本に引用することも少なくない本は、繰り返しページを開いて、それこそボロボロになっています。

繰り返しめくって何度も目にしている小見出しや図表の類《たぐ》いは、とくに覚えようとしなくても、自然に頭の中に定着していきます。

グラフの目盛りまでは覚えていなくても、戦後すぐ一山あり、高度成長期になだらかな山がもう一度あった、というグラフの形を覚えています。するとあるとき、まったく異なる出来事に関するグラフの山や谷と妙に一致しているようだ、と気づいたりします。

おや、どういうわけだろうと調べていくと、思いもしなかった要因が背景にあり、二つの出来事の山や谷をつくっていたことがわかる――というように、自分の考えを膨らませていくネタが、いつのまにか頭に入っているのです。

この種のことは、必ずこうやらなければと無理やり習慣づけるような話ではなく、勝手気ままにやるのがよさそうです。

自然と身につけた習慣の中で気まぐれにやって、何かひらめけば儲《もう》けもの。何もひらめかなくても、別にどうってことはありません。

子どもは乱読して当たり前。それが読書の下地づくりに

本は、はしがき・あとがき・目次を見て必要な部分だけ読めばよく、読んだら必ず最後までなんてこだわりも必要ない、とお話ししました。

ちょっと注釈をはさんでおくと、このことは、読み手の年齢、積み重ねた経験、興味の対象などによって、大きく変わってきます。

あとで私が子どもだったころ読んだ本に触れますが、好奇心に満ちあふれ、出合ったものすべてに興味を示し、乾いたスポンジが水を吸うように何でもかんでも吸収していくのが、子どもというものです。

ですから子どもは、本のさわりを確認したうえで必要部分だけを重点的に読む、なんて面倒なことはしません。

本を手にすれば最初から読みはじめ、おもしろければ最後まで一気に読むし、つまらなければ途中で放り出すだけですね。その読み方をしてはダメ、というのではありません。

私もそうしていた時期があります。

青春時代には、生き方や恋愛などで悩み、何でもいいからヒントを得ようと本を隅から隅まで必死になって読む。あるいは学生時代には、友人と競って長編小説や哲学書の読破に挑戦する。――やっぱり、私もそうしていた時期があります。

ここまでお話しした私の読書法は、「いまの私は、こうしている」という話です。私のやり方だけが唯一最良の方法とは思いませんし、すべての人にとって有効な方法とも思いません。

はしがき・あとがき・目次で本質をつかんでから、必要なさわり部分だけ読みなさいといっても、そもそも興味や関心の対象がはっきりせず、基礎知識も不足していれば、本質のつかみようがありません。

ふつうの子どもは、そうでしょう。

ですから、子ども時代や学生時代には「乱読」も、隅から隅まで読む「熟読」も必要なことだ、と思います。

子どもや学生は時間がたっぷりあるはずですし（最近では塾や稽古事で忙しい子や、アルバイトに追われる学生も少なくないようですが）、乱読も熟読もおおいにすべきです。

それが頭や心を耕し、読書のためのよい下地づくりになります。

榊原式読書法が参考になるのは、こんな人たち

次のような人たちには、私の読書法がよく当てはまり、おおいに有効なはずだ、と私は考えています。

○それなりに読書を重ねてきた40～60代、あるいはもっと高齢の人たち
○ビジネスの必要に迫られて読書することの多い20～40代以上の人たち
○興味や関心が明確で、レポートや卒論などの必要から読書する10～20代の学生たち
○とくに定年で〝第二の人生〟を迎え、読書で新しい世界を広げようと思う人たち

太平洋戦争が始まった１９４１（昭和16）年生まれで70代後半の私は、国際金融や為替といった専門分野については熟知していますし、社会の動きもだいたいわかっています。それに、そうそう時間もありません。ですから、本は最後まで読むべきものとは思っていないのですが、私と世代が近い人は同意してくださるでしょう。

世代や経験が私とかなり違っても、そこそこ読書体験があり、興味や関心もはっきりしていて、しかも仕事や勉強に追われてあまり時間がないという人には、私のやり方が参考となるに違いないと思います。

ある分野について、ひととおりのことを知っているつもりだが、ちょっとおさらいしておきたいという人は、何冊も読む前に、高校生か大学教養課程（1〜2年）向けの入門書を流し読みするとよいでしょう。

何冊か買う本にそんな本を1冊入れておいて最初に通読すれば、頭が整理でき、問題の所在もつかめるはずです。

小説はあまり読まない。ベストセラーにも食指が動かない

ついでにいえば、いまの私は、小説をあまり読みません。

夏に3週間ほど休暇をとるとき4〜5冊持っていく本に1冊含めるかどうか、くらいです。これもあとで、若いころには小説をよく読んだという話をしようと思います。

人それぞれですが、それなりに歳を重ねて経験も積むと、自分の人生はかなりドラマチ

ックだったと思えますから、そんじょそこらの軽い恋愛小説など読む気にならない、という年配の人は大勢いるのでしょう。

とくに大正末や昭和はじめ生まれで、戦争で生死を分けるような厳しい体験をした人には、そんな場面を描く小説やテレビドラマがどうしても嘘《うそ》くさく感じられ、敬遠する人が少なからずいるだろうと思います。

ベストセラーと聞くと、必ず読まなければいけないと思うからか、すぐに飛びつく人がいますが、私はほとんど食指を動かされることがありません。

本を最後まで読むべきものと思わないのと同じ理由から、何十万人が読んだからと聞いても「何をいまさら」と思ってしまいます。

ベストセラーを読んでいなかったら会話についていけず困った、などという経験もまったくありません。

そもそも人と違うことこそが大切だと思っていますし、知らないことは「知らない」とその場ではっきりいうのが私の主義です。

インタビュー取材や講演後の質疑応答で、自分が知らないことを聞かれたら、私は必ず「いや、よく知りません」といいます。

熱心に聞く人に対して素っ気なさすぎると思ったり、テレビ番組や講演の段取り上なにか答えてちょっとつなぐ必要があると思えば、次のような言い方をして、しばらく話をします。

「よく知りません。でも騒がれているのには、こんな背景があるのでは……」

「そのあたりの事情は、専門外の私は疎《うと》いのですが、よく似たこんな話があります」

いきなり話題を変えると、ゴマカシになってしまいます。まずは、「知らない」と正直に断るべきで、そのほうが結局は信用されるものです。

哲学者ソクラテスの「無知の知」とは

テレビでよく見かけますが、コメンテータや評論家には「いや、よくわかりません」と正直にいうと恥ずかしい、沽券《こけん》に関わると思うのか、〝知ったかぶり〟して一知半解の珍説を振りまわす人がいます。

政治家にも学者にも、「その問題について自分は無知である」ということを一向に認めようとせず、議論をすり替えてあさっての話を持ち出したり、誰かの批判を始めたりする人が少なからずいますね。

知の巨人ギリシャの哲学者ソクラテスは、２４００年も前に、こういいました。

私は「自分が知らない」ということを知っている。


ソクラテスの、いわゆる「無知の知」です。『ソクラテスの弁明』で、彼はこんなことを語っています。

弟子の一人がアポロンの神託所で巫女《みこ》に「ソクラテス以上の賢者はあるか」と尋ねたら「一人もない」とのご託宣があった。自分を賢者と思っていなかったソクラテスは、弟子から話を聞いて、とても驚き、世間で評判の賢者たちと問答して、彼らのほうが自分よりも賢者であることを確かめようと考えた。

ところが、賢者たちと議論したソクラテスは、彼らも自分と同じように「わかっていない」とわかった。ところが、彼らは「自分はわかっている」と思っている。しかし、私は「自分はわかっていない」と思っている。

ここが彼らと自分の決定的な違いだ、とソクラテスは、いったのです。

いや、ソクラテスのいうとおりだ、と私はしみじみ思います。

知ったかぶりをすると、いいかげんで間違った話を社会に広めてしまいます。それ以上に始末に負えないのは、知ったかぶりをした瞬間から、自分がそれ以上何の進歩もしなくなってしまうことです。それだけはやるまい、と私は思っています。

そもそも、「知っていること」と「知らないこと」を、はっきり分けて自覚していない人は、正しい意味で、本当に新しく、「何かを知ること」ができない理屈でしょう。すると、自分の知識を広げていくことができない、という話になってしまいます。

私たちは自分の無知を知り、無知だったことを新しく知ることに、もっと貪欲にならなければいけません。

そのための〝知のツール〟として、本ほど役に立つものは、ほかに見当たりません。

『易経』が教える「君子豹変」の本当の意味

ソクラテスのついでに「君子豹変」の話もしておきましょう。これは「自分が間違っていたら、すぐに改めよ」という古い教えです。

古代中国の『易経《えききょう》』という書物（周～戦国時代～漢時代に、しだいにまとめられていったとされている）に、こんな一節があります。

君子は豹変《ひょうへん》す、小人《しょうじん》は面《おもて》を革《あらた》む。

君子は、徳のある立派な人のこと。豹変は、豹の毛が季節によって抜けかわり、斑紋《はんもん》がくっきり美しくなることから、「がらりと変わる」という意味。

つまり、立派な人は、過ちに気づけば考え方や行動をがらりと変える。器量の小さい俗物は、外からの見てくれを、いいかげんにちょっと変えるだけだ、というのです。

いまは「あの男、先方が強く出たら態度を豹変させてしまい、いうべきこともいわなかった」などと、悪いほうにがらりと変えることをいう場合が多いのですが、もともとは、よいほうにがらりと変える意味です。

職場でも学校でも、あるいはテレビを見ていても、明らかに間違ったことを主張し、周囲からも違うという声が相次いで、どうやら本人も「しまった、間違った」と感づいている気配なのに、間違いを認めず態度も変えない人が、ものすごく多いですね。

とくに政治家や教師など、人を導く仕事をしている人に多いのは困ったことです。

こういう人は、考えることをやめ、思考も知的生産活動もやめてしまっています。新しい情報や知識も完全に受け入れ停止状態です。

そこに新たな質問をぶつけられ、想定外の証拠を突きつけられると、嘘に嘘を重ねていかざるをえなくなっていきます。

これでは、いくらよい読書法を身につけていても、どれほど多くの本を持っていても、何の役にも立ちません。

どうかあなたは、自分が間違ったとわかったら、すぐに考え方や行動をがらりと変えてください。君子なのだから、豹変してください。そうすれば、頭と心が働き出し、情報や知識の吸収もスムーズになって、あなたの知的生産性がいっそう高まるのです。

考え違いを教えて、君子を豹変させる〝知のツール〟として、本ほど役に立つものはほかに見当たらない、とも私は思っています。

わからないことは、すぐ、その場で解決する

「無知の知」「君子豹変」に関連して、私がとても重要と考え、日々実行していることがあります。

わからない箇所があったらそのままにせず、必ずすぐ、その場で解決する。

読めない字・忘れた字・曖昧な用語などをそのままにして、先に進むことはしない。

5〜6ページだけ読んで終わりにするつもりでも、途中で読めない漢字や意味が不確かな漢字が出てきたら、私は必ずその場で調べ、読みや意味を確認します。

まあ、そこそこ長く生きてきたので読めない漢字にはあまり出くわしませんが、人の名前・地名・植物名などの読みは、おぼつかないことがあります。

得意なはずの英語でも、こんな意味だったはずだが合っているかな、と思うことがけっこうあります。

そんなとき、曖昧なままで先に進むことはしません。この種の調べものには電子辞書を使うことが多いです。

忘れていたら「すぐ、その場で解決」は、原稿を執筆するときも心がけています。

原稿を書くとき、私はパソコン（ワープロ）を使わず、Ｂ５判２００字詰め（縦20字×10行）の原稿用紙を使います。Ｂ４判４００字詰めを使わないのは、Ｂ５（大学ノートと同じ大きさ）のほうが場所ふさぎにならず、取り回しがきくと思うからですが、まあこれは私の趣味ですね。

ついでにいうと、使う筆記具は万年筆でも鉛筆でもなく、書きやすい（よく知りませんが、たぶんジェル式インクの）ボールペンです。消しゴムは使いません。

それで執筆していると、「あれ、この漢字どう書いたっけな？」ということがよくあります。そのときは後回しにせず、必ずすぐ辞書を引いて調べるようにしています。英単語のスペルや難しい専門用語などでも同様です。

インタビューを受けているとき、不確かなデータがあると、「ちょっと待って。いま調べる」と応接ソファから立ち上がり、パソコンや新聞で調べることもよくあります。

不確かな点は〝空欄〟のままで話を進めて、記者に「さっきのところ、調べて埋めておいて」と頼んでもいいかもしれませんが、私はやりません。

また忘れたらまた調べ直して、何度でも繰り返す。こうして頭の中に情報や知識を定着させていくことこそが大切だ、と私は思っています。

よいアウトプットのためには、よいインプットをするしかない

読書とは、本に書かれた文字や文章によって、本の内容を自分（の頭や心）の中に取り込む、つまり「インプット」（入力）をすることです。

一方で私たちは、日本語という文字や文章によって、盛んに自分の考えを述べたり書いたり、さまざまな表現をします。つまり「アウトプット」（出力）をしています。

私は、次のことを古今東西どんな人にも当てはまる絶対的な真理だと思います。

よいアウトプットをするためには、よいインプットをする必要がある。

ごく当たり前のことですが、この当たり前が疎んじられ、軽視されすぎているように思えてなりません。

インプットのことなどまったくお構いなしに、「よいアウトプットをするには、こうしなさい」と教えるハウツー本やテクニック本が書店に並んでいます。あんなに並んでいる

からには、本を買って、そのとおりにやっつけ仕事をする人が多いのでしょう。

アウトプットの見栄えにこだわる前に、もっとも必要なことは何なのか、よく考えてほしいものです。

何も吸収せず蓄積もない人が何かを生み出すことは、ふつうはありえません。右に書いた1行は、正確にはこういうべきなのでしょう。

よいアウトプットをするには、よいインプットをする以外に有効な方法はない。

コピペが氾濫する世の中、引用のルールは押さえておこう

これまた当たり前の話ですが、自分の中にインプットした言葉に、手を加えることなくそのまま自分の外にアウトプットしてしまうのは、単なるコピーであり剽窃《ひょうせつ》や盗作ですから、何の意味もありません。

インターネットに世界中の人や組織のアウトプットがあふれ、誰でもグーグルなどで情報を簡単に検索でき、コピー&《アンド》ペースト（複写と貼りつけ、いわゆるコピペ）も簡単、し

かも翻訳ソフトがワンタッチでだいたいの意味まで教えてくれるのが、いまの世の中です。

学生のレポートや卒論にもコピペが横行し、それを見つけ出すソフトウェアもあります。研究者の論文、新聞やネットメディアの記事などプロの仕事にもコピペがありえます。

一時もてはやされた画期的な研究にコピペや捏造《ねつぞう》の類いが含まれていた。役に立つと評判だった大規模なサイトがもっぱらコピペで成り立っていた。——どちらも、報道されて大騒ぎになったことを、ご記憶の読者が多いでしょう。

誤ったコピペと正しい引用は、まったく違います。賢明な読者は、百も承知のことと思いますが、念のため〝引用のルール〟を書き出しておきましょう。

自分の議論を進めていくうえで必要なときは、次の三つの条件さえ守れば、誰かの文章を自分が書くものに自由に引用することが認められています。こうすれば、著作権の侵害にはならず、引用するとき誰に断る必要もありません。

○著者名や書名など「出所」(出典)を必ず明記して引用する。

○引用符（「」〈〉、英語の" "など）で囲って地の文と区別するなど、引用部分が自分の主張ではないことを、はっきりわかる形にしておく。
○必要最小限の部分だけを（たとえば自分の主張よりも少ない分量で）引用する。

引用したい文章がデジタル情報になっている、正しく引用するときにコピー&ペーストしても、もちろんかまいません。

読書というインプットは、どんなアウトプットにも欠かせない

読書は「インプット」の一つですが、インプットそのものは、読書という行為だけにはかぎりません。

人の話を聞く、テレビや映画を見る、絵を見る、音楽を聴く、旅に出て知らない土地を歩きまわる、ボランティアで未知の経験を積むなど、自分の頭や心の中に何かを取り込む作業ならば、どんな入力でもよいですね。

もちろん「アウトプット」も、言葉による表現にはかぎりません。

言葉で表現できないからこそ、人は絵を描き、音楽をつくります。テレビドラマや映画も、言葉による表現より強く、大きな影響力を持つことがよくあります。ただひたすら種をまき花を咲かせる人もあれば、次々と会社を立ち上げて事業を興す人もあります。これもまた、どんな出力でもよいわけです。

しかし、読書というインプットは、言葉による入力作業ですから、言葉によって表現するアウトプットには、当然もっとも役に立ちます。読書で語彙《ごい》を増やし、新しい言い回しを覚えれば、自分の書くものが、よりよいものになるでしょう。

もっとも、入力と出力が同じ言葉だからこそ、作業を連続させることができ、コピペも横行しやすいわけですが。

言葉によらないアウトプットをする場合も、先人たちはどうやったか、どんな道具をどう使うべきか、失敗しない秘訣は何かといった情報は、たいてい言葉によってもたらされます。つまり、本や説明書に書いてあったり、新聞や雑誌やブログなどに載っていたりします。

だからこそ私たちは、読書というインプットを欠かすことができません。

そこで、私がしばしば聞かれるのは、のちのアウトプットに役立てるために、読書というインプットのプロセスでどんな工夫をしているか、ということです。

付箋は貼らない。読書ノートやメモもつけない

「本には付箋《ふせん》を貼りますか?」「読書ノートやメモみたいなものをつけていますか?」と私に聞く人が大勢います。

私が「読まずに見る」「5~6ページだけ読んでそのまま」などというものですから、付箋を貼ればあとから参照するとき便利に違いない、5~6ページの内容なら2~3行のメモを残すのは簡単だ、と思って聞いてくださるのでしょう。

○付箋を貼る。場合によっては、付箋に見出しのような短い言葉を書く。
○読書ノートやメモをつける。
○鉛筆やマーカーで重要な部分に傍線を引いたり、囲っておいたりする。
○たとえば重要点に「☆」、疑問点に「?」、驚いた点に「!」などとマークをつける。
○これはと思った記述のあるページの端を三角に折っておく(ページ中央を縦やや斜め

に大きく、上に三角のインデックスが飛び出すように折る方法もある）

人それぞれいろいろなやり方があると思いますが、私は、本に付箋は貼りませんし、右の方法もどれもやりません。というのは、こう考えているからです。

（1）読書したとき重要なのは、自分の頭の中に入ったことだけだ。
（2）あとで使えるのも、自分が覚えていることだけである。
（3）だから、自分の頭の外（ノートやメモ）に情報を記録する、頭の外の情報のある場所に印をつける（付箋を貼る、ページを折る）必要は一切ない。

ようするに、「記録」でなく、「記憶」することが大事なのです。

記憶しても忘れてしまえば、それまでです。他人のデータや議論をそのまま記憶していても、ほとんど役には立ちません。読書をした結果として自分が覚えているものだけが、その本のエッセンス、本質であり、つまりは大事なことなのです。

「あの本にこんなデータがあったっけな」というとき、正確を期すためにチェックして数字などを書き写すことは、私もあります。

でも、これは自分の記憶に従って参照し直すだけのこと。そのときに備えて付箋を貼ったり、ページを折ったりしておくわけではないのです。

頭の中に残る情報以外は、意味がない

人は誰でも、覚えていることや知っていることを使って考えることしかできません。

精神分析を確立して精神医学はじめ社会科学や現代思想にまで大きな影響を与えたフロイトが注目した「無意識」というものは、きっとあるのでしょう。

ふとしたことで長く忘れていた出来事を思い出す経験は誰でもありますから、表面に出てこない奥深い記憶も間違いなくあります。

でも、それらは、意識できない以上、自分から積極的に使うことはできません。

ある問題を長時間あれこれ考えたが、一向に答えが出ない。そのうち考えたことすら忘れてしまった。ところが、ある日突然、画期的な答えがひらめいた。その背後には、潜在意識や奥深い記憶があった。さんざん考え悩んだのがきっかけとなって、水面下で何かが

起こり、ふとした拍子に現われてきた——ということは、よくあるのでしょう。

まったくゼロのところからひらめくというのは、ありそうもない話です。

ヒラメキや画期的な発想は、何かを仕込んだ結果、それが発酵なり熟成なりという変化を起こし、別の何かが突然ポンと飛び出してくるわけです。

ですから、私たちがヒラメキや画期的な発想を期待して意識的にできるのは、手持ちの記憶や知識を駆使して考えることだけです。

だからこそ、本を読んで自分で覚えていることや知っていることが、重要なのです。

本の要約としてのノート、自分で考えたことのメモ、著者意見のインデックス（索引）としての鉛筆印や付箋は、自分の頭の外にあるわけですから、二の次三の次に決まっています。

目次を眺め、必要と思って読んだ何ページを私がどのくらい覚えているかといえば、論旨はだいたい覚えているでしょうが、細かいところまで再現できる記憶が残っているわけではありません。そのように記憶しようと思ったこともありません。

あくまで頭の片隅に、簡潔にとらえた著者の考え方や主張がおおよそ残っているという感じです。つまり、これまた「さわり」だけです。

それを自分の中でよく吟味《ぎんみ》し咀嚼《そしゃく》し、それ以外に自分が持っている、体験から得たり別の本から得たりしたさまざまな記憶や知識と組み合わせ、新しい「自分の考え」としてまとめることが重要です。それを外に出すのが正しいアウトプットなのです。

「部分的な記憶だけに頼ると、本から得た情報に漏れや偏りが生じてしまうのでは」と心配する人もおられるかもしれませんが、別に誰かの本のコピーをつくりたいわけではないのだから、漏れや偏りは、あってよいのです。

むしろ、自分に必要な部分だけを読み、あとは自分の記憶に頼るというやり方で、本の情報を一種の〝フィルター〟に通し、そのことによって大部分の不要な情報を省くのだ、と考えるべきです。

使うフィルターは自分自身のものですから、やがて生まれてくる考えも自分オリジナルのもの、と期待してよいわけです。

逐一メモせず、頭に残ったことをノートに書き出す

宗教学者の山折哲雄《やまおりてつお》さん（第3章で著書を紹介します）の話に、「そのとおりだ」と膝

を打ったことがあります。

私は毎年、高校生180人を集めて2週間合宿する「日本の次世代リーダー養成塾」というものをやっており、山折さんにも講義をお願いしています。

講義が始まって生徒たちがノートを取ろうとしたときのこと、山折さんは、

「ノートを取るのはやめてください。手を止めて私の顔を見ながら、話をちゃんと聞いてください」

といいました。

ノートを一生懸命取ろうとすると、そちらにばかり気を取られて、肝心の理解がおろそかになってしまう。人の話を聞くときは、聞くことだけに集中しなさい。ノートを取るならば、授業が終わってから、頭に残ったことを書き出しておきなさい、と山折さんはいったのです。

これは正しい教えだ、と思います。

情報を取るとき、資料の整理や保存に大きな労力を割く人が少なくないようですが、情報はあくまで〝手段〟にすぎません。決して〝目的〟ではないのです。

専門家ならともかく、ふつうのビジネスパーソンや学生が、コンマ何パーセントという

経済データを控えたり、後生大事に持っている必要もないでしょう。

ここは「頭の中に残る情報以外には、意味がない」と思い定め、些細《ささい》な情報に拘泥《こうでい》せずに、大局観をつかむ努力をしたほうがよいと思います。

雑誌や新聞もやっぱり「読まずに見るだけ」

本と同じく文字によって情報を伝える新聞・雑誌・パンフレットなどの紙媒体や、インターネットのサイト・ブログ・SNS（ツイッターやフェイスブックに代表されるソーシャル・ネットワーク・サービス）といった電子媒体の読み方にも触れておきましょう。

まず雑誌、とくに週刊誌については、「読まずに見るだけ」が、ますます際立つことになります。

新聞の下段に出る広告か、電車の車内吊り広告を見れば、基本的にそれでおしまいです。週刊誌というのは、だいたいそれ以上のことはないのです。

広告の見出しを見れば、「評判だった人だけど、こんなスキャンダルが持ち上がったのか」とわかります。さほど興味もありませんが、1週間後にまた広告を見れば、謝罪や辞任に追い込まれたとか開き直ったらしいとか、続きがわかります。

週刊誌・月刊誌を含めて、私は雑誌を1誌も定期購読していません。先方からオフィスに送られてくるものは、しばらく雑誌ラックに入れて、読みたい人が読めるようにしています。

海外の雑誌は、綿密に取材して政府の耳に痛いことをガツンという記事が、国内の雑誌よりは多いように思うのですが、手を出すのは目についたときだけです。

新聞は、日本の主要新聞をオフィスで取っています。英語の新聞で取っているのは次の二つの日刊経済紙で、日本の新聞と一緒に届きます。

『ウォール・ストリート・ジャーナル』(米ダウ・ジョーンズ社発行　アメリカ版)

『フィナンシャル・タイムズ』(イギリス　2015年に日本経済新聞社が買収)

どちらの英字紙も130年ほど歴史がある老舗《しにせ》紙で、信頼性が高く、国際金融や為替という私の専門分野からは欠かせません。

日本の新聞も英字紙も、基本は「読まずに見るだけ」です。

日々刻々と変化する問題やデータをあつかう新聞は、大事件の概要、キーパーソンの発言、データのおおよその推移などがわかれば、それで充分でしょう。

新聞を切り抜いてスクラップする習慣も、私にはありません。

誰かの発言を伝える記事を読み、「週末に書くコラムの書き出しに使えそうだな」などと思えば、切り抜くこともありますが、使えばそれで終わりです。

頭の中に入らなかった新聞記事は、切り抜いても意味がありませんから、私はファイリングをしない主義です。切り抜きさえ保存しておけば、いつでもすぐ参照できると思うのは大きな誤解です。頭の中に残っていなければ、そもそも参照しようとは思わないはずだからです。

本はネット上の情報より、はるかに信頼できる

インターネット上の情報についていえば、オフィスではパソコンをネットにつなぎっぱなしで、為替データや関連ニュースをモニタ2台に常時表示しています。

しかし、ふだんはあまり見ません。古い人間であまり慣れていないということもありま

すが、それほど参考にすることはないのです。

為替が大きく動いたときは、新聞にグラフが載りますからそちらを見ます。私はスマホを持たず、古い携帯電話しか持たない〝ガラパゴス人間〟なのですが、とくに不自由に感じたこともありません。

ネットにあらゆるジャンルの膨大な情報が氾濫《はんらん》していることは、間違いありません。といって、信頼できる必要な情報だけを選び出す工夫をしようという気には、私はなりません。そんな手間暇をかけるなら本のほうが早い、と思ってしまいます。

ネット上のテキスト情報（文章や活字情報）は、刊行されている本の中身と基本的に同じものも少なくありません。

「青空文庫」というものがあります。

著作権が切れた文学作品を中心に、ボランティアがつくった（本を見て打ち込んだ）テキストを公開しているインターネット上の電子図書館で、誰でも無料で利用できます。

収録作品数は1万5000近く、森鴎外、夏目漱石、芥川龍之介、宮澤賢治、太宰治、坂口安吾、永井荷風、吉川英治といった作家たちの代表作を読むことができます。

おカネもかからないし、子どもや学生たちは、どんどん読めばよいですね。

ネット上にあるテキストの最大の問題は、どんな人が書いたかはっきりせず、信頼性に欠ける場合が多いことです。

青空文庫や、信頼できる組織のサイト（ホームページ）や、信頼できる人が実名で書いているブログなどであればよいのですが、そういったものばかりではありません。

誰でも情報発信できるのはすばらしいですが、ネットに間違い、勘違い、根拠ない噂《うわさ》、汚いののしり、誹謗《ひぼう》中傷などが氾濫しているのもたしかな事実。

その是非を判断できない人が、「いいね」を押したり、曖昧な情報をどんどん拡散したりしていきますから、玉石混淆《ぎょくせきこんこう》というより、ほとんど〝ゴミ石混淆〟状態と感じることも少なくありません。

対して本というのは、どこの誰が書いたか、はっきりしています。

ふつうは編集者が介在して世に出せるものと判断し、校正者を入れて誤りはないかチェックし、修正済みのものが出まわります。ネット記事よりも信頼できるのは当然です。

このことも、読書というインプットの大きなメリットというべきでしょう。

本に代わる〝知のツール〟も、読書に代わる〝知的な営み〟も見つからない

この章の終わりに、テレビについても一言触れておきます。

テレビは選択的に見ています。朝は出かけるまでテレビがついていますから、NHKのニュースや連続テレビ小説を見ていることが多いです。夜7時のNHKニュースも家にいれば見ます。あとはドラマを若干見るくらいで、日曜夜の大河ドラマは見ています。

夜寝る前、何にもすることがなくヒマなときなど、新聞のラジオ・テレビ欄で番組を探すことがごくたまにありますが、連続ドラマは1回だけ見てもよくわからないし、スポーツもあまり見ない。スポーツはときどき相撲を後半何番か見るくらいでしょうか。

NHKのBSはたまに見ることがあります。海外ニュースを流しており、見たことのない情報や映像が出てくるのは興味深いですね。

いずれにせよ、テレビに大した話は出てきません。テレビから情報を取るのは、ニュースで世の中の動きを知るほかには、地震などの災害情報、気象情報くらい。

チャンネルを換えても、同じ話を何度も繰り返しているテレビには、いい加減にしてく

れという感じを、いつも持っています。

結局、本という〝知のツール〟に代わるものはなく、読書に代わる〝知的な営み〟も見つかりません。

「見る」にせよ「読む」にせよ、さまざまなジャンルの本、それも数多くの本に目を通すことは非常に大事なことだ、と私は考えています。

第2章　読書の土台をつくる

——子どもや学生のころに読んだ本

子どものころから本が好き。名作全集や偉人伝をよく読んだ

第2章からは、具体的な本のタイトルや著者名や内容をどんどん紹介し、私がどんな本をどう読んだか——読書で何を学び、本をどう頭や心にインプットしてきたかをお話ししたいと思います。

まず、私が子どもだったころの読書から始めましょう。

私が生まれたのは太平洋戦争が始まった昭和16（1941）年3月です。戦争が終わった昭和20年の翌々年が小学校入学。生まれたときからラジオはありましたが、テレビが始まったのは小学校を卒業する年でした。高度経済成長が本格化する昭和20年代末から昭和30年代初めにかけてが中学時代です。

囲碁将棋やトランプ、メンコや鉄製べいごま、ボールやバットの野球はありましたが、とにかく娯楽が少ない時代です。私は本が非常に好きで、よく読みました。勉強した記憶はあまりないのですが、本は次から次に読んでいました。

当時の子ども向けの本は、世界名作全集や偉人伝の類《たぐ》いが多かったと記憶しています。

全集は「少年少女」と銘打たれていました。

読んだ記憶にある名作を、いくつか思いつくままに挙げておきます。

『三銃士』　アレクサンドル・デュマ（仏　１８０２～70年）作
『ああ無情』　ヴィクトル・ユゴー（仏　１８０２～85年）作
『小公子』　バーネット夫人（米　１８４９～１９２４年）作
『紅はこべ』　バロネス・オルツィ（英　１８６５～１９４７年）作

『三銃士』は、田舎からパリに出てきたダルタニャンが、曲がったことの大嫌いな若者なのですが、ややドジなところもあって、銃士隊の三銃士として名高いアトス・ポルトス・アラミスの三人と決闘の約束をしてしまう。

ところが決闘は禁止。銃士隊と対立する枢機卿《すうききょう》リシュリューの手の者たちが介入してきたので、三銃士とダルタニャンはともに彼らと戦い、「こいつやるじゃないか」となる。

ここからダルタニャンの冒険物語が始まります。

つねに冷静沈着なリーダーのアトス、大食漢で陽気な大男ポルトス、痩せておとなしい美男子アラミスというキャラクターは、いまでもよく覚えています。

小学校の友だちと遊ぶとき、「おまえはアトス」「おまえはポルトスね」「おれはダルタニャンだ」とか何とか、みんなに三銃士の名前をつけて、チャンバラなんかをやったものでした。

ルイ13世の時代の話ですから、フェンシングのような細い剣で決闘したはずですが、われわれ子どもが、そこまで考えをめぐらせたかどうか。

よく覚えていませんが、ダルタニャンやアトスという名前で、無邪気に日本式チャンバラをやっていたのかもしれません。

物語が描く時代の雰囲気は、子どもでもわかった

ユゴーの『ああ無情』は、映画やミュージカルの『レ・ミゼラブル』として知っている人のほうが多いような気もします。

分厚い大河小説ですから、読んだのは、元囚人のジャン・バルジャンがミリエル司教の教会から燭台《しょくだい》を盗んでしまう話、マドレーヌ氏となり市長にもなったが、素性がバレてし

まいそうだったのに怪力を発揮して馬車の下敷きになった老人を救う話、別人がジャン・バルジャンとして捕まったと知って裁判に乗り込み自ら過去を暴露する話など、かいつまんで子ども向けに訳した物語でした。

それでも子ども心に、ミリエル司教というのはじつにえらい人だ、ジャン・バルジャンも立派なやつだ、と感心したことを覚えています。

さまざまな人びと（原題は『惨《みじ》めな人びと』）が、長い時をへて織りなしていくドラマチックな物語を通じて、人をゆがめてしまう社会や体制の罪、その罪を憎んで人を許す無償の愛といったものの存在を、おぼろげながら感じました。

『小公子』は、アメリカの少年セドリックが、じつは貴族の末裔《まつえい》とわかってイギリスに渡ります。紆余曲折《うよきょくせつ》をへて頑固な爺《じい》さん伯爵と和解し、みんな幸せになるという、これはまあどうってことない話ですね。

『紅はこべ』は、フランス革命でギロチンの恐怖におびえる貴族たちをイギリスに逃す一団の物語。リーダーは能天気なイギリス男爵で、いかにも昼行燈《ひるあんどん》みたいな姿を装っているのですが、見事な変装をしたり、あっと驚く計略を用いたり。彼らが動いたあとには、紅はこべの印を押した小さな紙片が残されている、と。

こうした名作を通じて、ルイ王朝（三銃士）、フランス革命（紅はこべ）、ナポレオン後の王政復古を再びひっくり返したフランス七月革命（レ・ミゼラブル）といった時代の雰囲気が、子どもでもなんとなくわかったようです。

どうしようもない社会の苛酷さは『ああ無情』にも描かれていた。敗戦の傷がいえず日本がまだ貧しい時代で、苦しい生活を送る人が大勢いることもわかっている。だから高校や大学に進むと、それこそ「革命をやれ！」と呼びかける本にも、自然に手が伸びたのでしょう。

どこかで読みましたが、自由民権運動や襲撃されたときの言葉「板垣死すとも自由は死せず」で知られる板垣退助は、外遊中にフランスでヴィクトル・ユゴーに会ったことがあります。

板垣が「日本に民主主義を普及させるにはどうしたらよいか」と聞いたら、ユゴーは「俺の小説を読ませろ」といったそうです。

字ばかりだからこそ、本は想像力をかきたてる

いまの子どもたちは、どうでしょうか。

モノがあり余る成熟社会で、格差が拡大しているとはいえ、衣食住に困ることも、おカネがなくて医療を受けられないこともない。

生活の貧しさや苦しさ、社会の矛盾などといわれても実感がわかず、革命をやって社会を変えるという主張も全然ピンとこないでしょう。

ずいぶん前から活字離れがいわれていますし、世界名作全集がまだ刊行されているかどうか。子どもたちは映画やビデオゲームから、子ども時代の私がつかんだような雰囲気やイメージを受け取っているのかもしれません。

いま振り返って気づくのは、昔は男の子と女の子が読む本がだいたい分かれていたことです。男の子向けは、すでに挙げた本に加えて、『ロビンソン・クルーソー』『宝島』『巌窟王』『怪盗ルパン』『トム・ソーヤーの冒険』などでしょう。

女の子向けは、読んでいないのでよく知りませんが、『小公女』『赤毛のアン』『アルプスの少女（ハイジ）』あたりでしょうか。

名作全集は、扉の次あたりに色刷りの絵が1枚あって、中にところどころモノクロの挿絵がついていました。とても粗末な印刷だった印象があるのですが、こんな格好で馬車に乗っていたのか、などとわかります。そこから想像がどんどん膨らんでいきました。

このことは本と、鮮明な写真やリアルな映像で見せるテレビ・映画・ビデオなどとの、決定的ともいうべき違いでしょう。

とくにテレビは、40インチといった大きな画面に出る映像が、瞬間瞬間で動いていますから、ついていくだけで精一杯。映像から何かを想像する余裕などなく、放送局が送り続けるデジタル映像を見続けることしかできません。

視覚的な情報量が多すぎるので、受動的に接するしかないのです。

一方、本は挿絵などついていないか、ついていても少ないうえにきわめて断片的です。ですから、かえって想像力がかきたてられます。挿絵のないシーンも、前ページについている挿絵から、夜になったらこんな光景かな、と思い浮かべることができます。

視覚的な情報量が少ないので、能動的に接して、想像力で補おうとするわけです。

このことは、本というメディアの大きな特徴であり、機能なのでしょう。鮮明な写真やリアルな映像で過剰に説明してしまうことは、どうも人びとの想像力を萎《な》えさせ、受動的な存在にしてしまうのではないか、と私は心配しています。

「世界一の美女がいた」と本に書けば、どこの誰が読んでも世界一の美女がいる。映画で同じことはできない。どこの誰が見ても文句なく世界一の美女という俳優など、この世にいないからだ——というのは、よくいわれることですが、正しいでしょう。

読書の優れた機能の一つは、想像力を鍛え、ふくらませることなのです。

学校や図書館の本と、うちにある本は、やっぱり違う

偉人伝は、いまとなっては誰の伝記を読んだのか、よく覚えていません。

桜の木を切って「僕がやりました」と正直に父に申し出たワシントン、奴隷解放のリンカーン、学校の先生に「この子はバカだ」といわれた母親が「こんな学校には通わせられない」と家で独学させた発明王エジソン、アフリカで医療と伝道に尽くしたシュバイツァーなどの伝記は、読んだような気がします。

いずれにせよ、子どものとき私は、かなりの量の本を読みました。それも、なんでもかんでも手を出す「乱読」で、当時からわりと「速読」だったように思います。

照明もよくなかったはずだと思うのですが、多くの本を読んだわりには、目が悪くならなかったのは幸いでした。

いまでも私は、世界名作全集や世界偉人伝などを家にそろえておいてくれた両親に感謝しています。勉強と同じく、読書しなさいといわれた覚えもないのですが、読んでみればおもしろく、どんどん引き込まれていく本が、手近に並んでいたのです。

それを読んだことが、今日まで続く私の読書の原点とも土台ともいえることは、間違いありません。お子さんやお孫さんがいらっしゃる読者は、子どものための本を、ある程度そろえておくとよい、と思います。

本離れをなんとかしたいというので、幼稚園や学校は盛んに本を読み聞かせています。学校や地域の図書館も自治体がおカネをかけて充実を図っています。

しかし、学校の本と、うちの本棚に並んでいて、いつでも好きなときに手を出せる本は、やっぱり違います。冒頭で申しあげたように、本というのは気まぐれでもよいから手に取ることが大切でしょう。

ただし、子どもに読書を強制しないことです。まったく本を読まなかった子どもが、大学に入って猛然と読み出した、という話をよく聞きます。

おもしろく役に立つと思えば、禁止したって読書するはずです。子どものそばにいつもさりげなく本がある。そんな環境づくりがいちばんではないでしょうか。

大学では、実存主義のヘンテコな小説を書いていた

小説をあまり読まないといいましたが、若いころは違いました。高校や大学のころ、私は文学にたいへん興味がありました。

なにしろ東大に入ったのは、そもそもフランス文学を学びたかったからなのです。大学では文学研究会に入って、小説を書いていました。同人誌に書いても、まるで注目されず、売れもしませんでしたが。小説を書くには修業が必要ですから、文章を勉強するという意味でも私は小説をよく読みました。

当時――1960年前後は「実存主義」というものの全盛期です。実存主義とは何かを説明するときよく引かれるたとえ話を紹介してみましょう。

スプーンは食べ物をすくうという目的（本質）がまずあり、そこから木を加工するなり溶かした金属を成形するなりして、人が存在（実存）をつくる。ところが、人間は実存が先にあって、神様がつくったわけではなく、普遍的な理想の人間像なんてものもない。

だからこそ、人間とは何か、いかにして生きるかという本質は、たまたま今まさに生き

ている自分自身から出発して、自らの手で選び取っていかなければならない——こういう考え方や生き方が、実存主義です。

日本にはフランスから入ってきて、小説『嘔吐《おうと》』（38年）や哲学書『存在と無』（43年）を書いたサルトル、そのパートナー（契約結婚２年間ののちサルトルの死まで伴侶だった）のボーヴォワール、小説『異邦人』（42年）や『ペスト』（47年）を書いたカミュなどが、とても流行《はや》っていました。

どれも一生懸命読みましたが、なかでも私が好きだったのは、小説『征服者』（28年）や『人間の条件』（33年）を書いたアンドレ・マルローです。

１９０１年にパリで生まれたマルローは、十代のころから日本の絵画や磁器の美しさに魅せられ、日本に憧れていた人物。スペイン内戦には共和国派の義勇兵として参加し、アメリカのヘミングウェイとも知り合っています。第二次世界大戦中はレジスタンスの闘士で、戦後はド・ゴール政権の文化大臣を長く務めました。

日本文化を愛し、世界に紹介した第一級の文化人で、戦前から70年代まで何度か来日しています。「式年遷宮《しきねんせんぐう》」といって20年ごとに建て直す伊勢神宮について、過去を持たず現在でもない、必滅でいながら不滅なものと述べ、石造りの大聖堂よりもピラミッドよりも力強く永遠を語る、と絶賛したことは、よく知られています。

彼らが書いたフランスの小説に強く影響された私は、まさに実存主義的な、いま思えばとてもヘンな小説を書いていたのです。

若いから、周囲にあって体制を形づくっているものは、どれもこれもつまらない。ところが、よくわからないが、フランスに実存主義というおもしろいものがあるらしい。なんだとちょっと覗《のぞ》いたら、すっかり魅せられてしまい、どっぷり浸かっていたわけです。

『資本論』より、はるかにおもしろかった『経済学・哲学草稿』

若いころは、哲学書にもはまりました。若者の必読文献のような雰囲気でしたから、カール・マルクス（独　1818〜83年）も読みました。

マルクスが26歳のときに書いた『経済学・哲学草稿』（経哲草稿）は、このごろ読み直していませんが、とてもおもしろい本です。

ご存じのようにマルクスは1848年、「一匹の妖怪がヨーロッパを徘徊《はいかい》している。共産主義という名の妖怪が」という有名な一節で始まる政治パンフ『共産党宣言』を執筆。

のちイギリスにわたり、実業家の友人エンゲルスの協力をえて資本主義社会の研究に打ち込み、大作『資本論』をものしました。

資本主義が高度に発展すれば必然として共産主義社会が到来するとし、労働者は座してその日を待つのでなく、階級闘争に勝利して新しい社会を築けと主張。現実に世界の半分が、マルクスのいう社会主義・共産主義を掲げていた時代がありました。

革命家で経済学者のマルクスは、若いころは詩を書き、法学を学び、やがて哲学を研究して、イェーナ大学から哲学博士号をもらいます。

その3年後に書いた『経哲草稿』は、ちょっと乱暴にいえば、哲学者マルクスと経済学者マルクスが同居し、交錯しながら、経済学と哲学を徹底的に批判するという、なんとも不思議な本。

マルクスが批判した経済学は、アダム・スミスやリカードらの「国民経済学」（古典派経済学）。これは、経済が人間（労働者）を人間でなくしてしまうことを見ていないと、もっぱら哲学的にやっつけます。やっつけるとき使ったのが、ヘーゲルから受け継いで発展させた「疎外」「人間からの人間の疎外」という概念です。

マルクスが批判した哲学は、カントを継いで壮大な観念の体系を築いたヘーゲル哲学。

これも、現実社会から遊離してまったく役立たずと、もっぱら経済学的にやっつけます。若き哲学者マルクスが経済学を猛批判し、返す刀で、若き経済学者マルクスが哲学を猛批判し、どちらも話にならんと結論したノートが『経哲草稿』というわけなのです。

草稿には、やがて『資本論』で論じられる概念もあらかた出てきます。ただし、なにしろ草稿ですから、「この行は意味不明」「ここは紙が破れていて読めない」だのと脚注がついていて、これまたおもしろい。

『資本論』も読みましたが、私には『経哲草稿』のほうが断然おもしろかったです。大学にいたころ東大教養学部の助教授だった城塚登さんに『社会主義思想の成立　若きマルクスの歩み』(55年)という著書があり、この本にはお世話になりました。

GHQの中佐がよく家にきて、外国人も英語も身近な存在

ここで英語と読書について、お話ししておきたいと思います。

時期が前後しますが、高校のとき私は1年間アメリカに留学しました。両親が海外に出してくれたことを、いまでもとても感謝しています。

１９５８年のことで、当時は日本からの海外旅行が自由化されていません。海外に出る自由旅行者（観光客）というのは、64年までいなかったのです。

私の父は、祖父がキリスト教の牧師だった関係で、１９２０～30年代に10年ほどアメリカに滞在したことがありました。私が小学校に入ったころは芦田均《ひとし》首相の秘書官を務めており、ＧＨＱ（連合国軍総司令部）の担当でした。芦田均と父の関係は、吉田茂と白洲《しらす》次郎の関係に近いものだったようです。

それで、鎌倉のわが家にはＧＨＱの将校たちがよく来ていました。

ＧＨＱ民政局にケーディス、ハッセー、ラウエルという将校３人組がいます。３人ともハーバード大ロースクール出身の弁護士で、彼らが中心となって、日本国憲法のいわゆる「ＧＨＱ草案」（マッカーサー草案）をつくったのです。

日本政府の最初の憲法草案を毎日新聞が46（昭和21）年２月１日にスクープすると、内容を知ったＧＨＱ最高司令官マッカーサーが、急遽《きゅうきょ》ＧＨＱ案の起草を指示。２月４日にケーディス大佐を責任者とするＧＨＱ側の憲法草案委員会が発足。二十数人のチームが不眠不休で作業してＧＨＱ草案を完成。13日に日本側草案が提出されると、マッカーサーはこれを拒否し、ＧＨＱ草案を検討するよう指示したのでした。

3人組のうち、ハッセー中佐が家によくきていました。5歳か6歳の私は、戦争のことはよくわかりませんし、彼らが何をしていたのかも知る由《よし》がありません。

ただ、ハッセーは必ずハーシーのチョコレートをお土産に持ってきてくれるので、私の中では「ミスター・ハッセー」ならぬ「ミスター・ハーシー」でした。

チョコレートは日本では売られていない、ものすごい貴重品。幼稚園で配ると、私はたちまち人気者です。軍の弁当がお土産のこともあり、入っていたコンビーフはこれまた貴重品でした。

そんな環境ですから、外国人という存在も、身近で英語が飛び交うことも、私にとってはふつうのことでした。こうして私は自然と、機会があれば外国に留学したい、将来は国際的な仕事に就きたい、と考えるようになりました。

高校時代にアメリカ留学。日本語を1年間使わなかった

高校を1年休学して留学したのは、米ペンシルベニア州のヨークという田舎町。

もちろん携帯電話もインターネットもない時代です。国際電話代は1回2～3万円と非

常に高く、日本に電話ができません。現在の貨幣価値に直せば数十万円ですから、留学中に電話をしたのは1回だけです。

しかも、ニューヨークやワシントンですら、日本人旅行者をほとんど見かけません。ヨークにいる日本人は私一人だけ。独り言をつぶやく以外、日本語を話す機会は、まったくありませんでした。

日本の家族や友人に日本語の手紙を書くほかには、1年間ほとんど日本語を使わなかった。このことが、私の英語力を徹底的に鍛えあげたのです。

私と同時期に留学した高校生は男女30人ずつの総勢60人。留学が終わると、女の子たちは飛行機で帰り、男子は氷川丸で2週間かけて帰ってきました。いま横浜港に係留されている氷川丸の、たしか最後から2回前の航海で、私はその三等船客でした。

このとき非常におもしろいことに、シアトルに集合して乗船するときは、日本人同士でもみんな英語で話していました。みんな長いこと英語しか使っていませんから、英語しかしゃべれなかったのです。

ところが、氷川丸で横浜に着いたときは、みんな日本語で話していました。ああ、言葉とはこういうものか、と思ったものです。

「いかに日本のことを知らないか」と、アメリカで思い知らされた

その後、大蔵省に入った私は、4年目の69年にミシガン大学経済学研究科の博士課程を修了して経済学博士号を取りました。80年にもハーバード大学客員准教授としてアメリカに1年ほど出ていました。

高校時代や大蔵省時代のアメリカ生活で、日本ではあまり意識することがなかった〝読書の必要性〟を、私は痛切に感じました。

アメリカに行けば、そりゃ英語の本が必要になるに決まっている、とみなさんは思われるかもしれません。ところが、違うのです。

身の回りすべてが英語ですから、もちろん英語の本は読みました。でも、私がつくづく必要と思ったのは、英語の読書ではなく、日本語（日本）の読書です。

アメリカで私は、「自分はアメリカのことをよく理解していない」と思い知らされたのではなく、「自分は日本についてまるで知らない」と思い知らされたのでした。

どういうことかというと、ヨークの町で私に郵便局への道順を聞く人はいません。日本

人高校生の私に、アメリカの何を知っているかと聞く人も、まずいません。

アメリカ人が私に聞いてくるのは〝日本のこと〟です。それもアメリカで知られている日本の歴史や文化や芸術について、たとえば『源氏物語』や『枕草子』に関する質問なのです。

「世界最古の長編恋愛小説を書いたムラサキシキブ（紫式部）という女性は、やっぱり武士の娘さん？」

「有名なエッセイ集の作者セイショウナゴン（清少納言）も女性。なぜ女性たちの文学が流行ったの？　彼女たちは、どんな教育を受けていたんだろう？」

「1000年も昔に、日本人はみんな字が読めたのかしら？」

いかがですか。中学や高校で日本史を学んだくらいでは、すぐには答えられない質問でしょう？

海外の人たちは、日本で生まれ育った私たちが思っている以上に、日本の国や文化をユニークなものと考えていて、そこを聞いてきます。天皇についても、江戸時代の将軍についても、浮世絵や焼き物についてもです。

ソクラテスの「無知の知」ではありませんが、「ほかならぬ日本のことを、自分はこんなにも知らなかったのか。もっと本を読んでおけばよかった」と痛感したのでした。

英語がいくら上手でも、日本のことを知らなければ、話す内容は空っぽです。郵便局への道順を英語でいくらうまく説明できても、ほとんど意味がありません。

国際人とは、英語をうまくしゃべり世界をよく知っている人ではなく、英語をそこそこしゃべり自分の国をよく知っている人をいうのです。

その後、私が日本の歴史や文化や伝統に興味をいだき、多くの本を読むようになったのは、何度か海外に出た経験がとても大きかったと思います。

かわいい子には、海外留学させよ

自分が留学した経験からも、英語を身につけるためには、英語しか話せない場所で一定期間を過ごすことが最善最良の方法で、英語の本を読んでどうこうというものではない、と私は考えています。

英語学習の専門家によると、英語をものにするには最低2600時間、英語漬けにならなければダメだそうです。英語圏に1年留学すれば誰でもしゃべれるようになるのは、1

日7時間として365日で2600時間をクリアできるからだ、というのです。

まったく同感で、日本語を一切使わない経験を積まなければ、英語はうまくなりません。それには最低1年、海外で英語漬けになることです。

読者の中で、いま子育てや孫育てをしている方には、多少無理をしても、思い切って子どもを海外に1年間出すべきだ、と申しあげておきます。

子どもの教育への投資は、中長期的にはもっとも利回りが大きい資産運用方法の一つ。子どもを留学させることは、子どもに財産を残して相続税を払うよりも、はるかに見返りが大きいおカネの使い道だと思います。

日本人の英語力は、残念ながらアジアで最低レベル

ちょっと読書からそれますが、日本人の英語については、思うことがあります。

日本人の英語力は、アジア最低レベルです。2016年のTOEFLテスト結果によると、日本は読む・聞く・話す・書くのトータルで平均71点でした。

アジア30か国で日本より成績が悪いのは、60点台のアフガニスタン、タジキスタン、ラ

オスだけ。同点の日本とカンボジアは、ビリから4番目というアジアの劣等生です。

アジアのトップはシンガポールで、以下インド、パキスタン、マレーシアと90点台が続きます。いずれも英語が公用語か準公用語の国で、競争になりません。では漢字圏を見ると、韓国84点、台湾81点、中国79点です。やっぱり競争になりません。

ヨーロッパは軒並み80～90点台で、最低がアルメニア78点。南北アメリカはハイチ63点を除き70点台の後半以上。アフリカは23か国が日本より高得点で、71点以下は18か国。

途上国でTOEFLテストを受けるのは超エリートという事情を考えに入れても、あまりにも情けない成績です。

戦後70年以上、中学で3年、高校で3年、大学で4年と計10年間、英語を学び続けてこの成績です。日本の英語教育に重大な欠陥があるのは間違いありません。

英語がうまくなる鉄則は、英語をできるだけたくさん聞き、英語をできるだけたくさん読むことです。そのとき、いちいち日本語に翻訳しないことが肝心です。

脳の仕組みから見ても、幼いときバイリンガルになった人を除けば、英語をつかさどる脳の部分と日本語をつかさどる脳の部分は、異なっているそうです。

つまり、私も含めて多くの日本人は、日本語を話すときと英語を話すときで、脳をスイッチして（切り換えて）いるのです。

私が英語を話すときも、しゃべりはじめて1分と10分で比べると、10分後のほうが明らかにうまくなっています。スイッチを切り替えてしばらくしゃべると、使っていなかった〝英語の脳〟が活性化されて、英語がこなれてくるのでしょう。

本来であれば脳の違う場所でやるべきことを、同じ場所だけを使って日本語に置き換え置き換えやっているから、いつまでたっても英語が上達しません。

英語教育を抜本的に変えなければダメ

日本の英語教育を抜本的に変える必要がある、と私は、ずっと以前から考えています。「英語を公用語にせよ」とすら言いたいところですが、それは無理として、いまの方法では小学校から英語を教えても絶望的です。

英語の授業では日本語を一切使わない、英文和訳と和文英訳はすべてやめる、試験は英語で質問して英語で答えさせるなど、やり方を全面的に変えるべきです。

いま日本の学校で教えているのは、「英語」ではなく「英語の翻訳」です。英語という言葉ではなく、英文和訳と和文英訳の方法を教えているにすぎません。

「( )に入るのはatかinか」などというくだらないテストは、即刻やめなければダメです。外国人が日本のレストランで「水にください」といっても「水がください」といっても、水を出すでしょう。そんなことは、どうでもよいのです。

学校の先生はたいへんです。とくに大学の語学教員はみんな「翻訳家」ですから、容易ではありませんが、そこを変えなければいけません。

ただし、必ずネイティブの外国人教師を雇え、という話ではないでしょう。アジアやアフリカの人びとが話す英語は、上手な人でもなまっていて、日本人にもわかりやすかったりします。それでも欧米で立派に通じますから、日本式の英語でかまいません。

楽天やユニクロが英語を社内公用語にしたのは2012年(発表は10年)で、その先見性を私は高く評価していました。楽天は社員6000人の2割以上が外国人で、会議やメールは英語化しています。ユニクロは楽天に比べれば苦戦中のようですが、相変わらずチャレンジを続けています。

入試の英語をTOEFLテストに一本化すれば、英語教育はかなり変わります。大学入試のやり方が変われば、それに備えなければと高校や予備校の授業が変わり、中学校、小学校へと玉突き的に変わっていくからです。

いわゆるセンター試験に代えて20年度から始まる新しい学力評価テストでは、当面は入試センターの試験と民間試験を併用し、将来的には民間試験への一本化を目指すようです。遅すぎるとはいえ、これは朗報ですね。

人口減少社会に突入した日本は、マーケットの縮小が避けられず、1％程度のGDP成長率がずっと続くことを覚悟すべき時代に入りました。

国内にいては成長に限界がありますから、成長したい企業や個人は、高い成長率が見込める海外に積極的に進出していくしか道はないのです。それには、現地の言葉はおいおい習うとしても、最低限、英語ができなければ話になりません。

読書に話題を戻せば、これまでの学習方法のままで、いくら英語の本を読んでも、英語から日本語に翻訳しながら読むかぎり、英語が話せるようにはなりません。

「すぐ（30分で／1週間で／3か月で／聞くだけで／映画を見るだけで／中1英語で／1500語で）英語を話せる本」の類いは、何百冊読もうが、まったく無意味です。

この本で英語の本を1冊も紹介していないのは、そんなわけなのです。

第3章　歴史を学ぶ

——大局観が身につく本

２０２０年前後に、大きな〝転換点〟がやってくる

世界では、専門家の多くが予想できなかった出来事が、次から次に起こっています。ロシアのクリミア併合、トランプ米大統領の誕生、イギリスのＥＵ（欧州連合）離脱決定、北朝鮮の核実験・弾道ミサイル発射と極東の緊張など。アメリカが朝鮮半島に空母を近づけ、Ｘデイはいつとメディアが大騒ぎした1年後には、史上初の米朝首脳会談が開催です。

２０１９年３月にはイギリスが実際にＥＵ離脱、20年11月にはアメリカ大統領選挙というスケジュールが決まっています。しかし、ではヨーロッパ経済はどうなるか、次期米大統領は誰になりそうか、はっきり予測できる人は一人もいません。

日本に目を転じると、景気の現状はまずまずで、20年（7〜8月）東京オリンピック・パラリンピックに向けて土木・建設工事が活況を呈し、人手不足も深刻です。

しかし、アフター・オリンピクスの20年後半以降に経済が落ち込むことは、程度の大小はさておき間違いない、と思われています。終わってから不況がこなかったオリンピック

は、過去に一度もないからです。

19年4月30日、およそ200年ぶりに天皇が退位され、翌5月1日に新天皇が即位されて、新元号が始まります。19年10月からは消費税が10％となる予定です。

現首相の任期は最長でも21年9月まで、と見込まれています。そのころには日銀総裁も交代し、日銀のいわゆる〝出口政策〟が始まっている可能性が大きいでしょう。

スケジュールの進捗《しんちょく》がどうであれ、高齢化や少子化は着実に進み、非正規雇用者も増え、格差が拡大し、医療や年金問題への不安がじわじわ高まっていきます。

こうしたプロセスをへて、日本は20年前後に、さまざまな意味で大きな〝転換点〟を迎える、と私は見ています。

そのとき政治や経済がどう動き、私たちの暮らしがどう変わるのか、いまはまだ見通すことができません。

前回の転換点は、昭和時代から平成時代への移行期でした。ピンポイントでいえば、昭和が終わって平成が始まったのは1989（昭和64／平成元）年1月です。

89年の天安門事件、ベルリンの壁崩壊、東西冷戦の終結、日本の消費税3％、90年のドイツ統一、91年のソ連解体、日本のバブル経済崩壊（91〜93年ころ）といった出来事のあった移行期が、つまり巨大な転換点だったのでしょう。

歴史に残る大事件が3年ほどのうちに頻発し、世界も日本も劇的に変わったことには、改めて驚かされます。19〜21年ごろ訪れるだろう転換点（移行期）は、部分的には前回に匹敵するような衝撃を秘めているもしれません。

いずれにせよ、非常に予測しにくい困難な時代が、間違いなくやってきます。私たちはその時代を、どうすれば力強く生き抜くことができるでしょうか。

正しい「大局観」を身につけることが大切だ

きたるべき難しい時代を見通して、時代を先取りしていくために、いちばん大切なのは大局をつかむこと、大局観を誤らないことだ、と私は思います。

大局観をつかむ、あるいは大局観を養うのにおおいに役立ってくれるのが、読書です。

〝大局観〟とは、将棋や囲碁の世界でいわれ、一般にも使われるようになった言葉。部分的な局面だけを見て形勢のよしあしにとらわれることなく、局面全体を、つまり戦いの全体を広く見わたして敵味方の状況判断をすることです。

歩・香車・桂馬・銀・金・角・飛車・王という駒を配置して、お互い一手ずつ指していき、最終的に相手の王様を詰ませる（どうしても次に取られてしまう形まで追い込む）のが将棋というゲーム。

その将棋でいえば、攻め駒の主力である飛車と角を失ってかなり駒損《こまぞん》してしまったが、敵陣への突破口を開くことができ、こちらの勢力は敵の王様に迫っている。しかも自陣の守りは非常に堅い。だから、攻めてくる敵は放っておき、一気に攻め落とそう――というように判断するわけです。

このとき、敵味方の戦力差だけに注目して自分のほうが劣勢だと判断し、ひたすら守ろうとすると、攻めるチャンスを失ったままズルズル負けてしまいます。これは、大局観が間違っていたことになります。

将棋には「終盤では駒の損得よりスピード」という教えもあると聞きます。

敵の王様を詰ますか、自分の王様が詰まされるかという最終的な局面では、戦力差なんてまったく関係ない。スピード重視で敵の王様に肉薄し、一手先に相手を詰めてしまえばいい。そんな大局観こそが必要だ、というのです。

経済、政治、社会の動きについても話は同じです。全体を見わたせばこうなるはずだという大局観、大きな流れを読むことが非常に大切です。

大局観をつかむには、まず歴史や事物の来歴を知る

では、大局観は、どのようにつかめばよいでしょうか。たとえば経済の大局観をつかむには、景気や為替についての専門書を何冊も読破する必要があるのでしょうか。

その必要はありません。そんな細部にこだわるようでは、かえって大局を見失いかねないでしょう。

国際金融や為替の専門家だから、各国政府や調査機関が出すデータを毎日チェックしているに違いない、と思うかもしれませんが、私はそんな細かいことに時間は割きません。

正しい大局観を持つためにもっとも大切なことは、歴史や事物の来歴を知り、過去から現在に至る大きな流れや潮流を、しっかりつかむことです。

たとえば「グローバル化」(グローバリゼーション)は、社会や経済や文化の動きが、国家や地域といったこれまでの境界を越え、世界全体に地球規模で拡大して、さまざまな変化をもたらすことですね。

グローバル化は、東西冷戦の終結（旧社会主義圏の世界市場への参加）やIT化（情報通信技術の進展）によって本格化しました。つまり、兆しは80年代から始まって、90年前後（さきほど見た前回の移行期）に本格化し、30年近くたった現在も続いています。

このトレンドは、今後20年、30年と大きく変わることはありません。

グローバル化が進みすぎて大きな弊害が生じてしまったという反省や反動は、もちろんあって当然です。

フランスの経済学者ピケティが書いた『21世紀の資本』（２０１３年）という本は、そんな反省の一つです。

「グローバル化で雇用が奪われた」と訴えて当選したトランプ大統領も「必要なのはグローバル化ではない。アメリカ第一だ」と叫び、保護主義政策をチラつかせています。

しかし、グローバル化という基調そのものは変わらず、止めることができません。

旧社会主義諸国に、資本主義みたいな道を歩むのはやめて、世界市場から出て元の鞘《さや》に収まってくれ、と頼んでも無理。中国に〝世界の工場〟のようなことはしないでくれ、と頼んでも無理。中国が世界の工場であることをやめれば、身の回りにある多くの製品が手に入らなくなって、世界は大混乱してしまいます。

情報通信技術の進展を止めるのも無理。あなたはもうスマホからガラケーには戻れないし、パソコンをやめて昔のワープロに戻ることもできません。

「グローバル化という基調は変わらず、止めることができない」という大局観からは、たとえば、アメリカと中国の貿易戦争が泥沼にはまることはありそうにないし、ましてアメリカと中国は絶対に戦争などしないだろう、という見方ができるでしょう。

ならば、中国がロシア製の空母のお古を買って就役させた、お古をコピーして2隻目を建造したと聞いても、あわてる必要はありません。軍事には疎くても、大局観さえしっかりしていれば、軍事専門家が言い募る脅威を疑うことができるわけです。

先を見通せない時代だから、過去を振り返って歴史に学ぶ

アメリカ経済は1950年代にピークを迎え、当時は唯一の超大国として世界を牽引しました。その後しだいに力を失い、同時にドルも弱くなっていきました。つまり「ドル安基調」もこの数十年間、変わらないトレンドです。

先進国の成熟化。中国・インドの勃興。自動車に代表される組立産業の落日。ソフトウウ

エアやネットワーク産業の隆盛。これらも長く続く大潮流です。

こうした大河の川筋は変わることなく、今後ますます太く、強くなります。小さな支流が生じて一時的に逆行するように見えても、やがて大河に飲み込まれていきます。

世界同時大不況は過去に何度かありました。大きな戦争も何度かありました。円高も株安も失業も倒産も、私たちは同じような歴史を繰り返し経験しています。

将来「起こること」と、過去に「起こったこと」は、もちろんまったく同じではありません。

しかし、過去と似たようなことが起こりはじめたら、歴史を振り返って、どこが過去と同じで、どこが違っているか、分析すればよいのです。すると、今後の展開はどうなるか、どんな対応をすればよいか、わかってきます。

歴史は、現在の世界を見るのにもっとも頼りになるテキストとも、将来を予測するのにもっとも役に立つ参考書ともいえるでしょう。

先を見通せない時代に、よすがとなるものは歴史だけだ、というべきかもしれません。

そんな、大局観を養うために欠かすことができない歴史が、多くのすばらしい本に書かれています。歴史を知ることは、間違いなく読書の大きな醍醐味《だいごみ》の一つです。

そこで、私がどんな本を読み、どんな歴史を学んできたか、お話ししましょう。

『逝《ゆ》きし世の面影』に描かれた、幕末~明治時代に西洋人が見た日本

私が好きで、繰り返して手にする本の一つに、渡辺京二《わたなべきょうじ》の書いた『逝きし世の面影』(1998年)があります。

渡辺京二という歴史家は、長く予備校の講師を務めながら、『評伝宮崎滔天《とうてん》』や『北一輝』といった伝記や、江戸から明治にかけての歴史ものなどを書いています。

『逝きし世の面影』の「逝きし世」とは、江戸時代末から明治初頭にかけての世の中。「面影」とは、思い浮かべる社会の様子や日本人の姿です。

この本がユニークなのは、日本を訪れた西洋人たちが書き残した手紙やエッセイなど膨大な記録から、彼らが見た日本や日本人の姿を発掘し、浮き彫りにしていることです。

渡辺はこう述べています。

「当時の欧米人の著述のうちで私たちがもっとも驚かされるのは、民衆の生活のゆたかさについての証言である。そのゆたかさとはまさにもっとも基本的な衣食住に関するゆた

かさであって幕藩体制下の民衆生活について、悲惨きわまりないイメージを長年叩きこまれてきた私たちは、両者間に存するあまりの落差にしばし茫然たらざるをえない」

昔は「百姓一揆《いっき》」というものが頻発していた、と私たちは学校で教わりました。『水戸黄門』が典型的ですが、テレビや映画の時代劇には、貧しい百姓が悪代官や悪徳庄屋にいじめられるシーンが繰り返し出てきます。

虐げられた百姓や部落民を描いた白土《しらと》三平の漫画『カムイ伝』も、平和運動や学生運動が盛り上がった60年代半ばから70年代にかけて、みんなこぞって読みました。

そんな影響からか、江戸時代の農村は代官らの苛酷な支配を受けて、農民たちはとても貧しかった、と思っている人が多いのではありませんか。

ところが、西洋人たちが江戸が終わるころに見た状況は、違っていました。

歴史的な事実は逆で、飢饉《ききん》や地震といった天災に見舞われた時期はさておき、江戸時代の農村はとても豊かだったのです。

『逝きし世の面影』に出てきますが、1856年に来日して伊豆の下田にアメリカ領事館を開いたタウンゼント・ハリスは、『日本滞在記』を残しました。ハリスは「日本には悲惨な貧は存在せず、民衆は幸せで満足そうだ」といい、日本人の生活は誰を見ても質素かつシンプルで「富者も貧者もない」といっています。

江戸時代の日本は、人びとがそこそこ豊かなばかりでなく、かなり平等な社会に見えたというのが、ハリスの印象でした。

『江戸時代と近代化』にみる村落共同体の役割

読書を通じて、これまでの〝常識〟とは異なるように思える見方や考え方に接したときは、同じテーマをあつかう別の著者の本にも、いくつかあたってみるのがよい方法だと思います。

『江戸時代と近代化』（86年）という本は、近世農村史に詳しい歴史学者の大石慎三郎《おおいししんざぶろう》とベストセラー『タテ社会の人間関係』（67年）を書いた社会人類学者の中根千枝《なかねちえ》が世話人となって、83～85年にのべ6日間おこなったシンポジウムの記録。

各分野の専門家が江戸時代をわかりやすく語る〝江戸学〟の入門決定版とでもいえそうな本です。

この本で中根千枝は、江戸時代は村落共同体の自立性や独立性が際立っていた、と強調しています。

「村落はどの社会にもありますが、村落の自立性が日本ほど全国的に高いところは、ちょっと見られません」

「江戸時代においては行政が村の内部まで手を入れることをしませんでした。年貢でも村単位でかける。年貢が百石かかってきたとしてもそれを単純に中の面積でかけるということを決してしません。その年その年の現実的な出来具合を見て、一番いいようにする」

日本の農村では、名主《なぬし》・組頭《くみがしら》・百姓代《ひやくしようだい》という「村方三役《むらかた》」が自治を担っていました。いまの言葉でいえば、村長・副村長・農民代表でしょうか。

幕府や藩の行政機構は、村の自治に直接介入せず、「村請《むらうけ》」といって、年貢や役務などを村単位で、村全体の責任として納めさせていました。

外から村にやってきた役人が、情け容赦なく年貢を取り立てるのでなく、村の中の有力農民が査定し、それを一般農民代表がチェックしていたのです。名主は世襲がふつうですが、有力農民の回り持ちや入札で決めていた村もありました。入札は、つまり選挙ですから、意外と近代的なやり方をするケースもあったわけです。

すると年貢は、各戸一律平等ではなく、たとえば働き手が病気で寝込んだ家は軽くするというような調整がききました。現実の徴税額は、生産量の20～30％くらいで、現在の所得税や法人税のパーセンテージとあまり違わなかったようです。

町（都市）でも、行政が町方《まちかた》（町役人）の自治に任せた部分が大きく、村と同じようなやり方をしていました。

だから、都市でも農村でも江戸時代の人びとはそこそこ豊かで、それなりの富が蓄積されていったのです。

『江戸時代と近代化』で、大石慎三郎はこう語っています。

「徳川日本が明治社会に残した遺産の中で、大きい意味を持っているのは民富だと私は思うのです。経済史家だからそう思うのかもしれませんが、明治以降日本が急速に近代化するにあたっての資本をくれているわけで、これがなかったら、いくら上のほうの状況がよくてもあんなに簡単には追い付けなかったはずです」

江戸時代は、近代日本の基盤をつくった時代であることが、よくわかります。

江戸時代の社会が、農民や町人といった庶民たちの経済的な〝豊かさ〟と、比較的格差の少ない〝富の分配〟に特徴づけられていたことは、間違いないでしょう。

明治という時代は、江戸時代を〝否定〟することによって始まりました。

郵便はがき

お手数ですが
62円分切手を
お貼りください

170-8457

東京都豊島区南大塚
2-29-7
KKベストセラーズ
書籍編集部行

おところ 〒

Eメール @ TEL ( )

(フリガナ) おなまえ	年齢 歳 性別 男・女

ご職業
会社員
公務員
教 職(小、中、高、大、その他)
無 職(主婦、家事、その他)
学生(小、中、高、大、その他)
自営
パート・アルバイト
その他( )

愛読者カード

このハガキにご記入頂きました個人情報は、今後の新刊企画・読者サービスの参考、ならびに弊社からの各種ご案内に利用させて頂きます。

●本書の書名

●お買い求めの動機をお聞かせください。
1. 著者が好きだから　2. タイトルに惹かれて　3. 内容がおもしろそうだから
4. 装丁がよかったから　5. 友人、知人にすすめられて　6. 小社HP
7. 新聞広告（朝、読、毎、日経、産経、他）　8. WEBで（サイト名　　　　　）
9. 書評やTVで見て（　　　　　　　）　10. その他（　　　　　　　）

●本書について率直なご意見、ご感想をお聞かせください。

●定期的にご覧になっているTV番組・雑誌もしくはWEBサイトをお聞かせください。
（　　　　　　　　　　）

●月何冊くらい本を読みますか。
（　　　　冊）

●本書をお求めになった書店名をお聞かせください。
（　　　　　　　　　　）

●最近読んでおもしろかった本は何ですか。
（　　　　　　　　　　）

●お好きな作家をお聞かせください。
（　　　　　　　　　　）

●今後お読みになりたい著者、テーマなどをお聞かせください。

ご記入ありがとうございました。著者イベント等、小社刊行書籍の情報を書籍編集部HP（www.kkbooks.jp）にのせております。ぜひご覧ください。

しかし、じつは明治時代を準備したのは江戸時代。明治期の日本が世界にデビューして西欧列強と肩を並べるときに発揮した底力は、鎖国で西欧との交流を断っていた江戸時代に、静かに蓄積されていたのです。

ならば、江戸という時代は再評価され、もっと〝肯定〟されてしかるべきだ、というのが私の考えです。

歴史は勝者が綴る。勝者の歴史観は、疑ってかかるべき

歴史とは、勝者が綴《つづ》るものです。

明治維新はこんな意味のある出来事だった、明治時代はこんな時代だったというのは、あくまで徳川幕府を打倒した薩長史観（薩摩藩と長州藩の歴史観）なのです。

しかし、日本の近代をつくったのは徳川幕府だ、あるいは徳川の築いた幕藩体制だ、と私は思います。

幕末の歴史を見ても、最初に開国政策をとったのは徳川幕府で、ペリー来航のときの老中・阿部正弘、その次の堀田正睦《まさよし》、大老・井伊直弼《なおすけ》らはいずれも「開国派」です。対する

薩長は外国排斥の「攘夷派《じょうい》」です。「尊王攘夷」で幕府を倒して勝ったのは薩長でも、正しかったのは幕府のほう。そんな歴史観を忘れてはならないでしょう。

明治の啓蒙《けいもう》思想家の一人で、慶応大学をつくった福沢諭吉は、明治8年に書いた『文明論之概略』という本で、日本を「半開の国」と決めつけています。

「今、世界の文明を論ずるに、欧羅巴《ヨーロッパ》諸国並に亜米利加《アメリカ》の合衆国を以《もっ》て最上の文明と為し、土耳古《トルコ》・支那・日本など、亜細亜《アジア》の諸国を以て半開の国とし、阿弗利加《アフリカ》及び目して野蛮の国といい……」という主張を読むと、福沢諭吉という人が、浅薄な「進歩的」文化人のように思われてきます。

もっとも、古くて遅れた江戸時代は振り返る意味もなく、欧米にならって文明開化を進め、富国強兵・殖産興業に邁進《まいしん》するのだ、という考え方は、福沢にかぎりません。

明治以降の日本では、それは多くの人びとの一般的な認識でした。

福沢諭吉は『瘠我慢《やせ》の説』（1901年）で、幕府側だった勝海舟や榎本武揚《たけあき》が新政府側について活躍するのはおかしいじゃないか、と二人を非難しています。

福沢のいう「やせ我慢」とは、私情にすぎない忠君愛国の情を、我慢しながらも持っていること。必要悪の国に対しても、その情を持つべきだというのです。しかし勝も榎本も幕府への忠君愛国の情を捨てた。やせ我慢をしなかったのはおかしい、と批判します。

おかしいのは福沢諭吉のほうだ、と私は思います。徳川の命運が尽きた以上、新しい政府に乗り換え、そのもとで人びとの幸せや社会の発展を考えればよいので、勝海舟や榎本武揚がけなされる筋合いではないでしょう。

福沢と勝が交わした手紙を読むと、視点も人間のスケールも全然違い、勝のほうが視野が広くてスケールの大きな人物に見えます。優れた著述家だとは思いますが、どうも福沢は過大に評価されているようです。

さまざまなものが、江戸から明治、さらに昭和へと続いていた

明治維新を成し遂げた勢力が、江戸と明治を断絶させたと考えても、歴史は江戸から明治へと、連綿として続きます。江戸時代のさまざまなものが、明治どころか、じつは昭和まで続いていました。

スーザン・B・ハンレーというアメリカのジャパノロジスト（日本研究家）は、『江戸時代の遺産――庶民の生活文化』（１９９０年）という本で、かつての日本の庶民の豊か

さを論じ、「1850年に住む場所を選ばなくてはならないならば、裕福だったらイギリスに、労働者だったら日本に住みたいと思う」と感想を記しています。

「労働者階級」という言葉には、いまひとつピンときませんが、ようするに庶民ということでしょう。江戸時代は、歌舞伎、相撲、浮世絵、浮世草紙といった庶民文化が花開いた、まさに〝庶民の時代〟でした。

ハンレーは、江戸から明治へと続いた庶民生活のパターンがしだいに変わりはじめたのは第一次世界大戦（1914～18年）以降であって、急激に大転換するのは第二次世界大戦のあとだ、と主張します。

1940年代から50年代にかけて少年時代を過ごした私は、自分の体験からも彼女の主張にうなずけます。明治初期に日本を訪れた西洋人たちは、こま・メンコ・凧《たこ》・羽子板といった子どもたちの遊びについて、子どもが非常に大切にされていると驚きながら、盛んに記しています。ところが、私も同じ遊びをしていたのですから。

それが大きく変わったのは、高度成長が始まった昭和30年代以降でしょう。

江戸時代から1950年くらいまで変わらずに長く続いたものは、ほかにも少なくありません。長男（いなければ養子）だけに家を引き継いでいく家族制度もそうです。

農業就業人口もそうでしょう。

日本では江戸時代の初期、労働力が農業に集中的に投入され、農業生産性が一気に向上して、人口も増えました。1600年ごろ約1200万人だった人口は、1720年ごろ約3100万人まで増えて落ち着き、明治維新まであまり変わっていません。

明治の富国強兵・殖産興業で急増しはじめ、太平洋戦争のころ7000万人。2008年の1億2800万人をピークとして減りはじめました。

そのように総人口が大きく変動したにもかかわらず、農業就業人口は1720年前後から1950年前後まで、だいたい1500万人で変わっていません。

農村の風景、村祭り、若者宿や娘宿（作法・職業・社会・性教育、自警活動などを担った若い男女別の宿泊・集会所で、世界中に事例がある）なども、やっぱりそうでしょう。

権力はあるが富がない「制度的エリート」も、江戸時代からの伝統

中根千枝は、江戸時代の武士のことを「制度的エリート」と呼んでいます。

兵農分離で土地を持たず、経済基盤がなかったのに、政治権力や徴税権を持つエリート

（指導層）だった、というのです。

土地や経済力から切り離された江戸時代の武士は、「一所懸命の土地」を持つ領主だった鎌倉時代の武士とは違います。権力はあっても富がなく、ある意味で給与をもらう国家公務員やサラリーマンに似た存在だったのです。

逆に、権力はなくても富があったのが、紀伊國屋《きのくにや》文左衛門のような豪商や豪農たちで、大名は彼らにカネを借りたりしています。

明治以降には、制度的エリートは高級官僚や政治家が担いました。江戸時代は世襲でしたが、明治時代は帝国大学や「高文《こうぶん》」（文官高等試験）で選抜することにしたのです。

金持ちの子息なら誰でもエリートになれたわけではありませんから、やっぱり権力と富は分離していました。富を蓄積したのは財閥で、江戸時代から続く豪商もあれば、幕末以降に権力者と結託して成長した政商もありました。

戦後日本の制度的エリートは、一流企業のビジネスパーソンでしょう。

小説家の司馬遼太郎は『この国のかたち』（86〜96年）という日本人論の中で、日本の親たちは息子がよい大学を出て、よい会社に入ることを望むといい、

「ときにはその息子が、銀座のいい場所にある商家にうまれながら、いい大学を出たた

めに相続を弟にゆずって、自分は三井とか住友の一社員になる。たとえば台湾ならばこういうことはない。アメリカでもその現象は奇とされるらしい」

と話しています。アメリカ生まれで日本通の日系三世が「なぜ、そんなことをするのか、どうしてもわからない。アメリカの青年なら、一も二もなく商家のほうをとる」と不思議がった話も付け加えています。

三井や住友のビジネスパーソンは、年収こそ商家の主人には及ばなくても、社会的ステータスの高い制度的エリートだ、というわけでしょう。制度的エリートもまた、江戸時代から最近まで形を変えながら続いてきたシステムといえそうです。

〝歴史の流れ〟の中で現在を見るという視点

こうして見てくると、江戸時代の日本は、現代社会の原型の一つといえるのでしょう。そこで、現在を江戸時代から今日まで続く〝歴史の流れ〟の中で見る、という視点が生まれます。

第5章で経済の現状や将来に詳しく触れますが、いまの日本は経済成長率が鈍化し、かつての「成長の時代」から「成熟の時代」という新しいステージに入りました。

日本のGDPは、中国に抜かれたものの依然として世界第3位。内閣府が17年12月に公表した16年の国民経済計算年次推計によれば、日本の一人あたりGDPは3万8968ドル（約424万円）でOECD（経済協力開発機構）35か国中18位。

ならせば4人家族で1600万円以上ですから、まずまず豊かです。現実には4人家族で年収300〜400万円という人が大勢いて格差はありますし、しだいに広がっていますが、アメリカはじめ先進国の中では、日本の格差は小さいほうです。一方、高度成長期のような2ケタ成長はおろか、年2〜3％の成長も難しくなっています。

そんな現在の生き方を考えるとき、読書からつかんだ江戸時代を参考にするのです。

たとえば、村落共同体の自立性。

日本では古い村落共同体が消滅し、「限界集落」（高齢化や過疎化で存在が限界に近づきつつある集落）ということがいわれ、農村や山村の存在そのものが危機に瀕しています。

しかし、一粒1000円のイチゴや一玉1万円のメロンが売れる、高級な果物を中国に輸出するというように、農業に成長産業の可能性があることもたしかです。

ならば、かつての村落共同体に代わる自立・独立組織を農村に復活させることはできないか、と考えてみます。

近所や親戚という地縁・血縁関係には頼ることはできない。小規模農家をそのまま束ねる農協も違うだろう。古い共同体は閉鎖的で村八分のような悪習もあったから、開かれた組織でなければ。では、株式会社の組織はどうだろう？　なぜ農業は株式会社化ができない仕組みなのだろうか？——と、考えていくのです。

あるいは、比較的格差の少ない富の分配システム。格差が拡大するいま、江戸時代の仕組みに学ぶことはないか、と考えてみます。

歴史の流れの中で現在を見るとは、そういうことです。歴史の本を読むときは、ただ過去を知って懐かしむだけでなくて、現在の問題意識からヒントを探り、将来に役立てていく姿勢を忘れないでほしいと思います。

小説と歴史は違う。小説を事実と思い込むと間違えてしまう

江戸時代の再評価は、明治時代についての正しい認識と表裏の関係にあります。

司馬遼太郎の小説『坂の上の雲』（68～72年に新聞連載）は、世界に打って出る明治の

日本と自らの存在を同一視し、国家を担う強い気概を持って生きた明治の青年像を描きました。そして「〝明治国家〟は清廉で透きとおったリアリズムをもっていた」と明治時代を賛美します。

ようするに、明治の若者たちは、古い江戸時代から抜け出してすばらしい新時代を築こう、よい生活をしよう、と一致団結して頑張った。頑張る青年たちの目は、きらきら輝いて、それはそれは美しかった。

彼らが頑張る方向と、世界に颯爽《さっそう》とデビューした日本の国が列強に追いつけ追い越せと頑張る方向は、うまく一致していた。だから、明治国家は方向性がはっきりしていて、嘘も偽りもなかった。明治の日本国もまたきらきら輝いて、それはそれは美しかった。——という話になっているのです。

私も読んでおもしろかったのですが、同時に「ウソつけ。明治をそんな見方で片づけるのは、おかしいよ」と思いました。小説はあくまで小説で、歴史とは違います。

司馬遼太郎は、坂本龍馬《りょうま》を描いた『竜馬がゆく』（62〜66年）、『翔ぶが如く』（75〜76年）など幕末小説も書きました。

これがNHKのスペシャルドラマや大河ドラマで放映されるので、本を読まない人まで、幕末や明治の青年たちはみんなきらきら美しかった、と思い込んでいるようです。大きな誤解だ、と声を大にせざるをえません。

疑問を感じて勉強していくうち、私は『龍馬伝説の虚実　勝者が書いた維新の歴史』という本まで書いてしまいました。

坂本龍馬は亀山社中（のち海援隊）をつくって、長崎の武器商人トーマス・グラバーを助け、ある意味でグラバーの部下のような動き方をしています。グラバーは幕府、佐幕派（幕府側）の藩、倒幕派の藩を問わず、だれかれかまわず銃や弾薬を売っていたのです。

これは『竜馬がゆく』に書いてあることとは、かなり違います。

犬が人間の言葉をしゃべる小説があっても一向にかまいませんし、おもしろければよいですが、小説に書いてあることを事実と思い込むと、間違えてしまいます。

小説は小説、テレビドラマはドラマとわかったうえで、楽しみたいものです。

明治は清廉で透きとおってなどいない〝混乱の時代〟

明治時代は、人びとが一致団結、同じ方向を目指して頑張った時代ではなく、国のかたちを定める最高法規の憲法すらも、１８８９（明治22）年公布、90（明治23）年施行と、明治45年間の折り返し地点まで存在しなかった〝混乱の時代〟でした。

明治初期に各地で頻発した学校打ち壊しも、西南戦争をはじめ佐賀の乱・神風連《しんぷうれん》の乱・秋月《あきづき》の乱・萩の乱といった士族反乱も、「清廉で透きとおった」などとは到底いえない、どろどろとした明治国家の象徴的な事件です。そこに目を配らない「司馬史観」を、私は信用していません。

日本はその後、日清・日露戦争に勝って世界を驚かせました。明治維新から力を注いできた欧化政策や富国強兵・殖産興業政策が成功したのですから、日本人はおおいに自信を深めます。

やがてそれが過大な自信となっていき、大正デモクラシーの時代をへて昭和に入ると、日本は悪しき〝日本化〟の道を歩みはじめ、結局、第二次世界大戦で大敗北を喫してしまったのです。

この間、革命が起こったわけでも、大きな政治変革があったわけでもありません。

明治の富国強兵・殖産興業政策や帝国主義政策が、昭和に入ってより明確になり、本格化していっただけです。

昭和に入って軍が暴走したとき、内閣も議会も止めることができなかったのは、天皇に統帥権を持たせて絶対的な統治を認めた〝明治国家〟の、当然の帰結でしょう。

当たり前の話ですが、ここでも歴史は連続しています。準備は明治時代からなされていたのだということを、しっかり認識しておく必要があるでしょう。

じつは明治から昭和中期までが、「例外」であり「異常な時代」だった

司馬遼太郎さん個人を批判するつもりは、私にはまったくないのですが、ここでも司馬史観に異議を申し立てておくべきでしょう。

司馬遼太郎は、『「明治」という国家』(89年)という本で明治を賛美し、日本の歴史は昭和になって、統帥権の拡大解釈などによって暗転した、という見方をしています。

私は、そうは思いません。

長い間〝権威〟の象徴であった天皇が、一気に絶対的な統治者という〝権力〟となり、しかも軍の統帥権を持つ日本軍の最高司令官に就任したのは、ほかならぬ明治時代です。

それより前の天皇は、ほとんどの時代を通じて権力を持たない権威であり続けました。

政治的・世俗的な権力が移り変わっていく中、天皇だけはずっと日本の象徴だったのでした。

大日本帝国憲法第1条「大日本帝国ハ万世一系ノ天皇之ヲ統治ス」や第3条「天皇ハ神聖ニシテ侵スヘカラス」にあるように、天皇を神聖化・神格化した時代は、日本の歴史を通じて、明治から昭和の敗戦までだけです。

旧憲法には「神道《しんとう》を国教とする」という意味の文言《もんごん》はなく、「信教ノ自由ヲ有ス」と一応は書かれています。これは明治政府が、神道は宗教ではなく、宗教をはるかに超越した国と国民の生き従うべき道、と位置づけていたからです。

明治維新より前の日本の宗教は、日本古来の神祇《じんぎ》信仰（神道）と仏教信仰がないまぜとなった「神仏習合《しんぶつしゅうごう》」の世界でした。

新政府は、神道を国家を統合する柱にしようと考えて、維新の直後にまず「神仏分離」を命じたのですが、これが「廃仏毀釈《はいぶつきしゃく》」（仏を廃し釈迦の教えを壊す）運動へと発展していき、神道の国教化が進んでいきます。

帝国主義を掲げてせめぎあう列強の世界に入っていくには、国を一つに強くまとめなければならず、そのために天皇や神道を利用せざるをえなかったわけです。

そんな流れの中で昭和の戦争も起こりますが、それは明治の延長上の出来事です。原点にあったのは「明治という国家」です。明治から昭和中期までが、長い日本の歴史の中で例外的な「異常な時代」だったのだ、と私は考えています。

明治維新まで千数百年で、対外戦争は3回、戦乱期は400年

江戸時代の農民や町民は、そこそこ豊かだったとお話ししましたが、江戸時代は基本的に大きな戦争がなく、265年間も平和が続きました。

平和だから豊かになれたのか。豊かだから平和が続いたのか。きっと、どちらの言い方も正しいのでしょう。

長い歴史を眺めると、日本はヨーロッパやアジアはじめ世界の国ぐにと比べて、平和な時期が圧倒的に長いことに気づきます。明治維新までの千数百年間で日本が戦った対外戦争は、次の三つです。うち2回は戦場が朝鮮半島でした。

(1) 白村江《はくそんこう》の戦い (663年)

（２）元寇《げんこう》（文永の役１２７４年、弘安の役１２８１年）
（３）朝鮮出兵（文禄の役１５９２年、慶長の役１５９７年）

付け加えれば次のようですが、これらを例外と見るべきことはお話ししたとおりです。

（４）日清戦争（１８９４～95年）
（５）日露戦争（１９０４～05年）
（６）第一次世界大戦（１９１４～18年）
（７）満州事変・日中戦争・第二次世界大戦（１９３１～45年）

国内で盛んに戦争をしていた戦乱の時代は、次の三つです。

（１）ヤマト王権が日本初の統一政権として確立していった古墳時代前半まで
（２５０～４００年ごろ）
（２）前九年の役・後三年の役・保元《ほうげん》・平治の乱・源平の戦いをへて鎌倉幕府成立まで

（1051～1185年）

（3）応仁《おうにん》の乱から戦国時代をへて江戸幕府成立まで（1467～1603年）

以上を合計しても400年弱で、古墳時代から明治維新まで約1600年の4分の1にすぎません。平和が長く続いた平安時代391年、江戸時代265年を合計するだけでも656年になります。

対外戦争がほとんどなかったのは、「大陸と海で隔てられていたから」で説明がつきます。では、国内戦争が少なかったのは、なぜなのでしょうか。

『日本文明とは何か』が説く、長く平和が続いた理由

さまざまな理由があると思いますが、宗教学者の山折哲雄は『日本文明とは何か―パクス・ヤポニカの可能性』（2004年）という非常に示唆に富んだ本で、こう書いています。

「(日本が長い間、平安を享受できたのは）国家と宗教のシステムがうまくかみ合い、両

者のあいだに深刻な敵対関係が生みだされなかったからではないか。宗教の側が政治の仕組みにたいしてあくことなき異議申し立てをしなかったということだ。そして国家もまた宗教の力を徹底的に殺《そ》ぐまでに、これをコントロールする企図をもつことがなかった。それが結果として政治の安定をもたらし、社会の秩序を保つことになった」

四季があって自然が豊かな日本では、アニミズム（いたるところのものに霊が宿るという考え方）的で多神教的な自然崇拝、祖先崇拝、外国から入ってきた新しい神々への崇拝などが、ないまぜになりながら、「神祇信仰」（原始神道）をつくっていました。

そこにあとから仏教が入ってきて、神仏習合というユニークな宗教が始まり、長く続きました。これが宗教のシステムです。

一方、国家のシステムは、すでに触れたように、天皇という権威と、そのときどきの政治的・世俗的な権力が、絶妙なバランスを保ってきました。

天皇と縁戚関係を結んで絶大な権力を握った藤原氏のようなケースもありましたが、源頼朝も織田信長も徳川家康も、みんな天皇の権威を尊重し、朝廷から「征夷大将軍《せいいたいしょうぐん》」の称号（官職）をもらおうと京に上りました。

信長は征夷大将軍・太政大臣・関白のうちどれにするかと吟味中に、本能寺の変で没しました。豊臣秀吉は征夷大将軍を断り、よりもらいにくい天皇補佐役の「関白」を希望しました。いずれにせよ、国内最強の軍を動かす実力者でも、必ず天皇から最高権力者のお墨付きを得ようとしていました。

山折哲雄によれば、以上の宗教システムと国家システムがうまくかみあって、敵対せずに共存したことが日本の平和（パクス・ヤポニカ）をもたらした、というわけなのです。

日本には、宗教戦争や宗教的な紛争があまり見られません。ヨーロッパの旧教（カトリック）と新教（プロテスタント）の対立、あるいは現代の9・11同時多発テロ・アフガン戦争・イラク戦争に至るまで、数限りない戦争と紛争を生んできたイスラム教とキリスト教の対立などを思えば、まったく異なる平和のメカニズムを持っていた日本のユニークさが浮き彫りになってきます。

鎮守の森の神社も、檀家制度の菩提寺も、広がったのは江戸時代

山折哲雄は、250年以上続いた江戸時代の平和も「国家と宗教の相性がよかった」ため、と語ります。

鎮守の森を中心とする神社信仰が全国に普及したのも、檀家《だんか》制度が成立して全国どこでも死者が菩提寺の墓に葬られるようになったのも、どちらも江戸時代だ、というのです。

しかも、これは庶民の世界にかぎった話ではありません。

徳川家は先祖の家康を祀《まつ》る日光東照宮を建てて盛んに参詣する一方、江戸の増上寺を菩提寺と決めて重んじました。皇室も先祖を祀る伊勢神宮の信仰を深める一方、後水尾《ごみずのお》天皇から孝明天皇までの歴代天皇が京都の泉涌寺《せんにゅうじ》に葬られています。

神道と仏教は江戸時代、こうした神仏習合のかたちをとりながら、日本人の上下を問わない各層に浸透していきました。

神道と仏教の役割分担といえばそれまでですが、むしろ「神仏習合」なる一つの不思議な宗教が、広がるべくして広がっていった、という印象を受けます。

私たちは、深く考えずに「神も仏もない」とか「神様仏様どうか……」と口にすることがありますね。あれは、江戸時代以降に日本人に本格的に染みついていった「神も仏もある」世界を、無意識のうちに認めているのかもしれません。

神仏習合というか、ムチャクチャというか。それが日本であり日本人だ

日本ではキリスト教やイスラム教などの一神教はあまり普及していませんし、今後も大きな展開はなさそうです。といっても、日本人の多くは普及のジャマをしているわけではなくて、キリスト教やイスラム教にとても寛容です。

海外の人と話すとき、私はときどき冗談めかして「八百万《やおよろず》の神々を信じる日本人にとって、一つや二つ神が増えたからといって、気にするようなことはありませんよ」ということがあります。自然そのものを大切にして尊崇する多くの日本人にとっては、ほかの国やほかの人がどんな神様を信じようが、ほとんど問題ではないのでしょう。

日本人は、生まれた直後に神社に参詣し（お宮参り）、七五三も神社で祝います。幼稚園や学校が神道系・仏教系・キリスト教系どれでも気にしません。

結婚式は自分の宗教に関係なく、神道式やキリスト教式で挙げる人が多いでしょう。亡くなるときは、多くの人が仏教式の葬儀です。

毎年正月には神社か寺院へ初詣に行きます。明治神宮の参拝者数が320万人といちば

ん多いようですが（ほかに川崎大師と成田山新勝寺が３００万人以上）、その神様が明治天皇と昭憲皇太后（明治天皇の皇后）だと意識している人はあまりいないはずです。

節分の豆まきも神社か寺院です。異なる宗教なのに〝同じ鬼〟に豆を投げつけるというのは、どうしたことか。不思議といえば不思議な話ですね。

夏には神社の祭りに参加して御輿《みこし》を担ぎます。盆踊りは、死者を供養する仏教由来のようですが、神社でも寺でも公園でもやっています。

冬にはクリスマスツリーを飾り、もみの木に十字架を下げたりします。これはイエス・キリストの降誕祭（誕生祝い）です。

春と秋の彼岸には、先祖の墓参りも欠かしません。

考えてみれば支離滅裂でムチャクチャですが、これでよいのです。これこそ四季折々の行事が大好きで発想がきわめて柔軟な、日本や日本人のすばらしいところです。

幕府と倒幕勢力が戦った戊辰《ぼしん》戦争が終わり、明治天皇が即位して、慶応から明治に改元されたのは１８６８（慶応４／明治元）年。

２０１８（平成30）年は、そこから１５０年たった節目の年です。

読書を通じて明治時代を見直し、日本の近代の歩みや戦争に至る道を振り返るよい機会ですね。同時に、明治が否定した江戸時代とは何だったのか、なぜ江戸時代に始まる多くのことが現代までこうも引き継がれているのかと、考えずにはいられません。

第4章　視野を広げる

――世界を縦・横・斜めに見る本

いくつもの歴史を並べて、横に見ていく

歴史を学べば大局観が身につく。前章ではそうお話しして、もっぱら江戸や明治を振り返る本を紹介しました。読書を通して、歴史の流れのなかで現在を見ることが重要ともいいました。

こんなたとえ話はどうでしょう。

目の前を川が流れている。この場所から動かずに、流れを観察する。あるいは、水質を調べる。どんな生物がいるか、調査・研究する。

――これがつまり「現在を知る」ことです。

でも、それだけでは、なぜ水がこんなに汚れているのかわからない。そこで上流に向かう。すると、流れが妙に停滞し澱《よど》んでいる場所を見つけ、ここで下流の生物が生まれているとわかる。さらに上流に向かうと、やがて別の汚れた川が流れ込む地点に至り、二つのものが一つになったとわかる。

――こういうのが「歴史を知る」ことです。

いま、川を一つさかのぼりました。では、最初の場所から上流へ向かわず、高いところに登って川を眺めたらどうでしょう。

低い山からよく見えなければ、もっと高い山に登る。気球にでも乗って上空へいく。さらに上昇して、たとえばスペースシャトルから地上を見る。すると、目の前の川以外にも、何本もの川が、同じ方向に流れているとわかる。

そこで地上に戻って、目の前の川をしばらくさかのぼってから、こんどは横方向に向かうことにする。右にも左にもいって、複数の川を調べる。そうすれば、同じ場所から同じように流れてきた川の違いがわかってくる。なぜなのか、という疑問もわいてくる。

つまり、ある国や地域の一つの歴史を縦に見るのではなく、いくつもの歴史を並べて、歴史を横に見ていくのです。

日本と世界とを結びつけ、範囲を広げて鳥瞰《ちょうかん》や俯瞰《ふかん》をする——そんな歴史の見方もまた、得るところが非常に大きい、と私は思っています。

この人のものの見方が好きで、新しい本が出たら「はしがき」も「目次」も見ずに買うという著者が、私には何人かいます。すでに紹介した山折哲雄もその一人です。

彼らに共通しているのは、日本と世界を結びつけ、高みに登って非常に広いエリアを見ながらものごとを語っていることです。

ガラパゴス日本についてだけ語るわけではないし、日本の話をするときも、政治・経済にかぎらず、地理・自然・文化・宗教・生活といった広い背景を深く押さえて語る。

私が繰り返しページをめくってボロボロにしているのは、そういうタイプの著者の本が多いようです。

縦にも横にも読めるユニークな『情報の歴史』

そんな著者の一人が松岡正剛《せいごう》です。編集者であり著述家で、編集工学研究所の所長を務め、編集工学ということを提唱しています。

松岡が監修した『情報の歴史—象形文字から人工知能まで』（１９９０年）は、いまお話しした歴史を横に見ていくことを「情報」を切り口として徹底的にやったらこうなる、という見本のような本。

松岡正剛の代表作というべき名著だと思います。

出版社の惹句《じゃっく》によれば、「本書は、人類が地上にあらわれた洞窟に動物の輪郭を描きはじめてから、コンピュータを駆使して通信ネットワークを形成するにおよんだ今日にいたるまでの壮大な歴史を、主として『人間はどのように情報を記録してきたか』という視点から、世界同時年表形式で編集構成した試み」です。

たしかに情報・文化をテーマとする同時年表形式の大年表なのですが、ふつう思い浮かぶものとは、かなり様子が違っています。

ふつうの同時年表は、たとえば日本・アジア・ヨーロッパ・南北アメリカ・アフリカというように地域分けしたうえで、それぞれの年表を、年月の目盛りを共通にして並べてありますね。

それを横に見ていけば、ある年に日本では大地震が起こったが、アメリカではこれこれの発明があった、とわかります。でも、ジャンルがまったく異なる出来事がたまたま同時に起こったと知っても、話のネタくらいにしかなりません。

松岡正剛の『情報の歴史』は、B5判をちょっと太らせた大判で、500ページ（3・4センチ）の大著です。

ある見開き（左右2ページ）を開くと、左側スペースに「分岐と伝播《でんぱ》 0〜299」とあって、0〜299年の出来事をあつかっていることを示します。2〜3行のリード文があって、情報の歴史から見た３００年間を「唯識《ゆいしき》思想から分かれた大乗仏教、ユダヤ教から分かれたキリスト教、どちらも世界知の独占を狙っていた」と要約します。

年表部分は縦5列で、「ローマとラテン文化」「キリスト教とユダヤ人」「東西路と海の道」「クシャナ朝の仏教」「アジアの帝国」というタイトルの小年表が五つ並んでいます。３００年間の出来事を五つに分けたうえで、横書きで羅列してあるのです。

おもしろいのは、ところどころに「イエスとパウロ」「法華経・華厳経・無量寿経成立」といった縦見出しがつけられ、重要事項が否が応でも目に飛び込んでくること。羅列されたそれぞれの出来事も、活字の大小や色使いを変えて、重要度の大小を示しています。

年表の項目分けも縦見出しのピックアップも活字の大小も、松岡の恣意的な見方でしょうから、重要なものが小さかったり、重要でないものが大きかったりする場合が、たぶんあるのでしょう。それは、そのときそう思った執筆者の〝切り口〟です。

もちろん別の時代に関する別の見開きでは、縦5列の項目タイトルが違い、あつかっている年の幅も違います。

そんなことも含めて、『情報の歴史』には膨大な出来事が詰め込んであり、縦に読もうが、横に読もうが、斜めに読もうが、どうとでも好き放題に読むことのできる、じつにユニークな本です。

とりわけ「本は読まずに見る」主義の私には、願ってもない本なのです。

私はときどきこの本を引っ張り出してはパラパラと眺めます。おもしろいことや意外な関係性に気づくと、カギとなる年号を暗記してしまいます。

「751年」に何が起こり、世界をどう変えていったか

たとえば「751年」という年。

学生時代に学んだ世界史で、「タラス河畔の戦い」があった年と覚えている人がいらっしゃるかもしれません。中国の唐とイスラム帝国のアッバース朝が、中央アジア（現キルギス）のタラス河畔で衝突した戦いです。

アッバース軍は20万人、唐軍は数万人（3〜10万人と諸説ある）で、唐側ははじめから劣勢でした。しかも唐側についていた遊牧民が寝返ってアッバース軍が圧勝。

イスラム側の記録には「唐軍5万人を殺し、2万人を捕虜にした」とあります。唐軍は

壊滅状態で、生還できたのは数千人ともいいます。

タラス河畔の戦いは、中央アジアの覇権を決めた天下分け目。以後、唐の支配は後退していくのですが、それだけではありません。捕虜になった中国人が西に連れていかれて、世界は大きく変わることになるのです。

なぜかといえば、中国人の捕虜に紙職人がいたからです。

唐軍は、軍用に大量の紙を使うため、紙を現地生産する技術部隊を同行させていて、部隊が丸ごと捕虜になったのではないか、という説もあります。

アッバース軍は、彼らをサマルカンド（ウズベキスタンの古都）に移し、イスラム世界で最初の製紙工場をつくります。８００年ごろバグダッドやダマスカスに、９００年ごろカイロに製紙工場ができ、製紙技術は地中海の南側ルートを西進していきます。

イベリア半島の大部分がイスラムの支配下に入ったのは8世紀。有名なアルハンブラ宮殿が半島南部のグラナダに建てられたのは9世紀末の８９８年。製紙工場ができたのは北アフリカにいたイスラムのムーア人が占領した12世紀。

その後、製紙技術はピレネー山脈を越えてフランスにわたりました。

十字軍のたび重なる遠征によって、地中海の北側ルートからイタリアにもたらされた製紙技術もありました。

ある年で世界全体を見ていけば、新しい発見がある

こうして製紙技術は、14～15世紀にヨーロッパに伝わりました。紙がつくられる前は羊や牛の皮を使っていましたが、羊皮紙はきわめて貴重ですから、書物（写本）を読む知識層はごくごく少数です。〝暗黒時代〟と呼ばれた中世の根底には、そんな文化的な制約があったのです。

ドイツ人のグーテンベルクが活版印刷術を発明したのは１４４５年ごろです。最初のグーテンベルク聖書は、まず羊皮紙に、次に紙に印刷されました。聖書1冊で３００頭分もの羊の皮が必要でした。

グーテンベルクの聖書から半世紀もたたないうちに、イタリア、ドイツ、フランス、オランダ、イギリスなどで印刷が本格化します。

マルティン・ルターらの宗教改革では、改革の意見書や、ラテン語からドイツ語に訳された聖書が印刷され、多くの人の手にわたっていきました。こうして紙と知識があいまっ

て普及していき、ヨーロッパが世界の主役に躍り出る準備をしたわけです。

紙以外にもう一つ、751年に中国からイスラムに伝わった重要なものがあります。

紙と同じように誰でも知っているものですが、ちょっと考えてみてください。

ちなみに、中国の四大発明といえば羅針盤・火薬・紙・印刷の四つです。

これまで、紙を発明したのは後漢時代（100年ごろ）の人、蔡倫《さいりん》とされてきました。しかし、最近の発見から、それより二百数十年前の前漢時代に紙がつくられていたとわかりました。蔡倫は発明者ではなく、紙の製造技術を確立した改良者だったようです。

さて、751年に中国からイスラムに伝わった重要なものとは「麺」です。

イスラムやヨーロッパでは、小麦をパンにして食べていました。麺の製法は15〜16世紀までに、地中海の北ルートでイスラムからイタリア諸都市に伝わりました。

1492年に西インド諸島に到達したコロンブスがジェノバ人だったことが象徴するように、イタリアはやがて大航海時代の一翼を担っていきます。

16〜17世紀には、南米大陸からトマトやジャガイモが入ってきます。そこでイタリアのナポリでは、新しい食べ物が誕生しました。

これが、〝ナポリタン〟に始まるパスタです。その歴史は意外と新しく、せいぜい30

０年くらいとされています。

どうですか？　７５１年、紙、スパゲティと見てくれば、あなたはもう「７５１年」を忘れることはないでしょう。事物や文化の伝播、人びとの交流や関係性、それらが各地の発展に及ぼした影響などについても、新しい発見があったはずです。

　自分が生まれた月日でも、住んでいるマンションの号室でも何でもよい。３～４ケタの数字を一つ決め、『情報の歴史』のような本を使って、その年の世界を横方向に広く見ていくと、おもしろい発見があるかもしれません。そんなちょっとした作業が、頭や心に残る記憶を増やし、ヒラメキやアイデアの種を増やしていきます。

ユーラシアを「第一地域」と「第二地域」に分けた『文明の生態史観』

書かれたのは60年も前ですが、とてもおもしろく、なんとも刺激的な本があります。

生態学・民族学者で国立民族学博物館初代館長も務めた京都大学の梅棹忠夫《うめさおただお》は、『文明の生態史観』（初出57年、書籍化67年）で、世界を「第一地域」と「第二地域」に分けて、日本と西ヨーロッパを第一地域としました。

世界を分けた人は、これまでも大勢いました。「西洋」と「東洋」に分けた人もいれば気候や地理で分けた人もおり、民族や文化で分けた人もいます。

「西洋と東洋」や「ヨーロッパとアジア」という分け方の背景には、キリスト教世界とそのほか、白人世界とそのほか、先進地域と後進（発展途上）地域という考え方が、ぬぐいがたくあるでしょう。大航海時代から、とくに産業革命をへて、先進地域として世界を支配した西欧では、そのような分け方が主流でした。

日本もその見方を西洋から輸入して、東洋という地域から引っ越すことはできないが、まず自分たちだけは彼らと肩を並べようとか、次は遅れた東洋やアジアを率いる盟主国となって西洋に対抗しようとか、考えたわけです。

だから以前は、学校でコロンブスの「新大陸発見」なんて教えていました。西洋から見た場合にかぎって「新」大陸のはずなのに、誰もそのことを疑いませんでした。

それはおかしい。「西洋と東洋」という見方、区分の仕方は間違っている。

梅棹忠夫という人は、半世紀以上も前に、そう主張したわけです。

梅棹が描いた、ユーラシア世界の区分図があります。おもしろいので、ご自分で世界地図に線を引いて、区分してみることをお勧めします。

面倒な人は、京都大学の宇宙計画研究室サイトの〈「文明の生態史観」にあてはめた各国の宇宙活動〉というページを見れば、区分図が載っています。このサイトの表紙は、「これからは宇宙ですわ」という梅棹忠夫の言葉を掲げています。

第二地域の中央の「大乾燥地帯」が、歴史を大きく動かした

梅棹の区分図は、メルカトル図法の地図を使って次のようにすれば完成します。

（1）世界地図に、中央アジアを中心として、西はイギリスや北欧、東は日本列島や東南アジアを含む大きな楕円《だえん》を描く。楕円は横長で、下端が赤道にかかる。

（2）楕円左のほうに、バルト三国やイタリアの半分を西側に含む斜線を、楕円右のほうに、日本列島を東側に含む斜線を、平行に引く。

できた二つの弓形エリアが「第一地域」。それ以外はすべて「第二地域」。

（3）斜線2本と平行に、アナトリア半島（トルコ）を西側に含む斜線と、インドを東側に含む斜線を引く。三つに分けたうち中央エリアが「乾燥地帯」。

（4）ロンドンと東京を結ぶ、やや右下がりの横線を引く。中央の乾燥地帯を除く第二地域が四つに分かれる。右上エリアから時計回りに、

Ⅰ中国世界、Ⅱインド世界、Ⅲ地中海・イスラム世界、Ⅳロシア世界。

『文明の生態史観』で梅棹忠夫は、日本と西欧以外の「第二地域」について、こんなことをいっています。あえて過激な言葉を使った〝挑発〟です。

「旧世界の生態学的構造をみると、たいへんいちじるしいことは、大陸を斜めによこぎって、東北から西南にはしる大乾燥地帯の存在である。これが重大な役わりをはたす。乾燥地帯は悪魔の巣である。暴力と破壊の源泉である。歴史にとって、ここから、古来くりかえし遊牧民そのほかのメチャクチャな暴力があらわれて、その周辺の文明の世界を破壊した。文明社会は、しばしば回復できないほどの打撃をうける。これが第二地域である」

第二地域は、ユーラシア大陸中央の乾燥地帯と、その外側に東西対になって広がる準乾燥地帯からなっています。

いわゆる四大文明（黄河・インダス・メソポタミア・エジプト文明）は第二地域が発祥ですが、乾燥しすぎていると発展は望めません。ですから、文明は川のほとりで生まれ、外側の準乾燥地帯を中心に巨大な専制帝国が建設されました。

第二地域は地続きですから、人びとが激しく往来します。乾燥地帯では荒っぽい遊牧民が駆けめぐり、しばしば周辺に侵入して破壊し征服します。

中国を襲った匈奴《きょうど》やヨーロッパを襲ったフン族が典型でしょう。両者は同じものだという説もありますが、はっきりしないようです。

中国に征服王朝の「遼」を建てた契丹《キタイ》人、「元」を建てたモンゴル族も遊牧民です。

第一地域は、温室育ちの箱入り娘。ぬくぬくと成長できたから現在がある

対して、日本や西欧を含む第一地域を、こう解説しています。

「第一地域は、暴力の源泉からとおく、破壊からまもられて、中緯度温帯の好条件のなかに、温室そだちのように、ぬくぬくと成長する。自分の内部からの成長によって、なんどかの脱皮をくりかえし、現在にいたる。西ヨーロッパも日本も、おなじ条件にあった」

梅棹の生態史観は、繰り返し本にまとめられているので、本ごとに表現が微妙に違っていて、別バージョンの本では、右の箇所に「箱入り」という言葉が出てきます。

第一地域は、たしかに中緯度の温帯地域で、適度の雨量があり、森林におおわれた、非常にめぐまれた環境にあります。しかも、中央から遠い辺境です。

第二地域から文明が入ってくるのは遅いのですが、遠くて攻撃されにくいので、環境のよさとあいまって、安定した社会をゆっくり建設していくことができます。

つまり、第一地域では、土地に根付いた封建制度を長く維持して、誰にもジャマされず富を蓄積することができ（前章で見た江戸時代がそうでしたね）、これが資本主義を準備しました。近代に入ると植民地を獲得して資本主義を本格化させ、やがて帝国主義で世界を席巻《せっけん》し、資本主義を高度化していきました。

第一地域の列強帝国同士は、第二地域を奪い合ってたびたび熾烈《しれつ》な戦争をしましたが、勝った者も負けた者も、依然として第一地域のままです。

それが、イギリス・フランス・ドイツであり日本だ、というわけです。

たしかに、そんな気もしてきます。ユーラシア大陸で起こった主な出来事は、だいたい梅棹の生態史観で説明できてしまうのでは、と思うくらいです。

もちろん梅棹史観には疑問もあります。

そもそもアフリカやアメリカやオセアニアを無視するのはナンセンスだ。季節風《モンスーン》が大量の雨を降らせる東南アジアのあつかいに困る。安定した第一地域、乾燥した第二地域の、どちらにも入りそうにない。

第一地域が第一地域になった、つまり潜在的な先進地域が最先進地域と確定したのは、ここ「数百年」のことにすぎない。ならば、ここ数百年の知見をもって過去数千年の歴史を説明するのは、ご都合主義の結果論ではないのか。

そういうことは梅棹も自覚していて、あくまでラフな「デッサン」と断っていますし、地域の現状の評価や変革の指針ではない、とも記しています。

師匠だった今西錦司の生態学に大きな影響を受けた

日本の霊長類研究の創始者として知られる今西錦司《いまにしきんじ》(02~92年)という人類学者がいます。京都大学の先生ですが、登山家・探検家としても有名です。

この人は、1930年代に渓流のカゲロウの生態を研究して、「棲《す》み分け理論」を提唱しました。

カゲロウの幼虫は、種によって棲む環境が違い、しかも環境に合った異なる形態をしている。集団と集団が別々のところに棲み分けることで、それぞれの環境に適応し、種がつくられていく、という考え方です。

今西錦司は戦前に京都探検地理学会ポナペ島調査隊や大興安嶺《だいこうあんれい》探検隊の隊長として、戦後は京大人文研（人文科学研究所）の講師や教授を務めながら、マナスル踏査隊、京大カラコルム・ヒンズークシ学術探検隊、日本モンキーセンターアフリカ類人猿学術調査隊、京大アフリカ類人猿学術調査隊などの隊長として、日本の先駆的なフィールドワークを数多く率いました。

梅棹忠夫は41年のポナペ島調査隊、42年の大興安嶺探検隊、55年のカラコルム・ヒンズークシ学術探検隊に参加しています。55年の学術探検隊でヒンズークシ支隊人類学班に属してモゴール族を調査したことが、『文明の生態史観』につながりました。

彼は、今西錦司の生態学に多大な影響を受けた直弟子の一人なのです。今西理論が、生物は自然淘汰で一直線に進化するというダーウィン進化論に異議を申し立てたように、梅棹理論も西欧的な一本道の発展史観に異議申し立てをしたのでした。

今西錦司という人は、とても興味深い、ちょっと謎のような言葉を残しています。「優れた個体が自然淘汰で生き残って子孫を残すから、その優れた方向に進化が進むなんていっても、優れたアリンコが象に踏みつぶされたら、それでおしまいじゃないか」「人類はいかにして立ったか（直立歩行を始めたか）。立つときはみんな一斉に立つ。それも赤ん坊が一斉に立ったのだ」

ほとんど直感でいったのだろうとも思いますが、反論するのは、とても難しい。さりとて今西理論を正しいと結論するのも、とても難しい。

どうも梅棹忠夫の文明生態史観にも、同じようなところがあるように思います。

いずれにせよ、じつに興味深く、とても引き込まれることだけはたしかです。『文明の生態史観』という本は、執筆から60年以上たっても、まったく色あせていません。

西欧と日本は海洋で「脱亜」を果たしたという『文明の海洋史観』

静岡県知事の川勝平太《かわかつへいた》は、早稲田大学で助手から講師・助教授・教授となり、国際日本文化研究センター教授も務めた経済学者です。

私が好きな著者の一人で、次世代リーダー養成塾に講師として招いたこともあります。知事職に忙殺されているのか、このごろあまり本を書いていないようですが、世界を大きく見るダイナミックな議論は、とてもおもしろい。

川勝平太の『文明の海洋史観』(97年)は、『文明の生態史観』を二文字変えただけのタイトルからわかるように、梅棹忠夫の考え方に示唆されながら、梅棹のやらなかったことをやろうとした本です。

梅棹は、ユーラシア大陸という〃陸地〃の興亡を論じました。対して川勝は、陸と陸の間にある〃海洋〃に着目します。

川勝によれば、14世紀半ばの中世世界は、イスラムが支配する「環インド洋地域」と中国の勢力圏にある「環シナ海地域」が栄えていました。中心になっていたのはイスラムや中国のアジア文明圏で、西ヨーロッパと日本はその周辺地域にすぎませんでした。

ところが、その後にヨーロッパも日本も、このアジアのくびきから自立した——つまり「脱亜」したのだ、と主張します。

「ユーラシア大陸の両端でおこった生産革命(西ヨーロッパの『産業革命』、日本の『勤勉革命』)によって、ヨーロッパはイスラム文明の海域圏すなわち環インド洋にひろがるダウ船の海洋イスラム社会から自立し、日本は中国文明の海域圏すなわち環東シナ海・南シナ海にひろがるジャンク船の海洋中国から自立した」

ダウ船は、大きな三角帆を1枚張ったマストを1～2本立てた船で、アラビアンナイトやシンドバッドの冒険に出てくる船。ジャンク船は、帆の水平方向に何本も竹を渡してある、船底の平べったい（中央前後に竜骨が通っていない）船です。

徳川日本の鎖国と、大英帝国の海洋進出が、よく似ている？

川勝平太は、徳川時代に鎖国していた日本は、七つの海に出ていったイギリスとよく似ている、となんともユニークな主張をします。

「十九世紀に確立した近代世界システムと鎖国システムとは、いずれもアジア文明圏からの離脱すなわち『脱亜』の完成形態である。近世鎖国は国内自給であったが、近代世界システムは大西洋をまたにかけた自給圏である。近代世界システムの中核的政治経済システムである大英帝国は自由貿易を標榜《ひょうぼう》したが、自由貿易はイギリス中心の自給圏の内部論理である。大英帝国は海洋自給圏、徳川日本は陸地自給圏をつくりあげた」

日本は、江戸の話のところで見た「勤勉革命」（労働力を農業に集中的に投入して、生産性の向上をはかり、人口を大きく増やしたこと）をやり、同時に鎖国をして、国内の自給体制を築きました。

大英帝国は、「産業革命」をやり、世界の海に乗り出して自由貿易をやり、自ら支配する広大な海洋の自給体制を築きました。

だから、自給のやり方こそ大きく違いますが、「脱亜の過程を色濃く特徴づける生産志向の経済社会としては相似る」ことになった、というのです。

こうして近代はアジアの海から誕生した。海洋アジアからのインパクト（経済的外圧）に対するレスポンス（生産革命）として、日本とヨーロッパに新しい文明が出現した、というのは、大胆でおもしろい見方でしょう。

陸と海で目の付けどころが違うものの、ヨーロッパと日本が異なる場所で同時並行的な進化を遂げたと考え、ある社会の内部矛盾が高じていって次の段階に至る一直線の発展史観を否定している点は、梅棹忠夫と共通しています。

日本は先進国では第2位の〝森林大国〟

本を読み、歴史を縦・横・斜めと縦横無尽に見て、大きな視野で世界のシステムをとらえることは、結局は日本や日本人とは何かを考えることにつながります。

日本は、とても山が多く、森や林も多い国です。

東京に生まれ育って、ほとんど地方に出ない人は、実感がわかないかもしれませんが、日本に山や森が多いことは、テレビを見ていればわかります。

地球の表面積は、海洋7割で陸地3割です。陸地全体に占める森林面積の割合は約3割です。地球の表面のおよそ9％が森林でおおわれている計算です。

やや正確にいうと、世界の森林面積は、1990年の41・28億ヘクタールから2015年に39・99億ヘクタールまで減少しました。

陸地の森林率は四半世紀で31・6％から30・6％に減ったのです。減った森林面積は、南アフリカ共和国の面積に匹敵するといいます（国連食糧農業機関『世界森林資源評価2015第2版』による）。

各国の森林率を見ると、日本は68・5％。先進国（ＯＥＣＤ34か国）では73・1％のフィンランドに次ぐ〝森林大国〟です（『前掲書』）。

村上春樹の小説『ノルウェイの森』がベストセラーになりましたが、ノルウェーの森林率は39・８％で、ぎりぎりニュージーランドを上回る第９位にすぎません。

ノルウェーは「森の国」というよりは、むしろ「海の国」。北海とノルウェー海に面し、海岸にはフィヨルド（氷河の削った谷が沈んだ峡湾）が発達しており、ヴァイキングが海に乗り出した国です。

日本は明らかに「海の国」ですが、同時に「森の国」でもあるのです。

長江文明も縄文文明も、牧畜と接点のない「稲作漁撈文明」

そのことを、「稲作漁撈《ぎょろう》文明」という言葉を使って改めて思い出させてくれるのが、安《やす》田喜憲《だよしのり》の『稲作漁撈文明―長江《ちょうこう》文明から弥生文化へ』（２００９年）という本。

安田喜憲は、文明や歴史を自然環境との関係から考える「環境考古学」を提唱する地理学者です。

彼はユーラシア大陸の文明を「稲作漁撈文明」「畑作牧畜文明」「遊牧文明」の三つに分類します。農業に注目すればユーラシア大陸でおこなわれたのは稲作か畑作か、二つに一つ。いわゆる四大文明はいずれも畑作文明で、牧畜や遊牧と密接に関係していました。

安田喜憲は、四大文明に代表される「家畜の民、牧畜民や遊牧民との文明接触の下に発展した」文明を「動物文明」と呼びます。

ギリシャ・ローマ文明、近代ヨーロッパ文明、さらにはアメリカ文明など、そのときどきの世界で先進的と見なされ、私たちが「文明」と呼んできたものは、ほとんど「動物文明」に含まれてしまいます。

これに対して、牧畜民や遊牧民との接触を受けなかった場所では、まったく異質な文明が育っていったと安田は主張し、これを「植物文明」と呼びます。

具体的には長江文明、縄文文明、マヤ文明、アンデス文明などで、これらの文明はコメ・トウモロコシ・ジャガイモなどを栽培し、主なタンパク源を魚に求めました。

そして、大航海時代以降の世界は「動物文明」が中心となって、「植物文明」を片隅に追いやってしまった。稲作漁撈文明が畑作牧畜文明に、コメ文化が小麦文化に、それぞれ圧倒されてしまったのが近代だった、というわけです。

安田によれば、中国の長江文明（長江は揚子江《ようすこう》と同じ。下流のほうを揚子江と呼ぶ）では、1万2000～1万4000年前から稲作が始まっていました。6000年前には、都市文明の段階に達し、水と森の循環社会が形成されていました。

この長江文明を担った民族は漢民族ではなく、やがて北西からやってきた畑作牧畜民族に追い出されます。その一部が中国雲南地方にいまもいる少数民族となり、一部が東南アジアや日本にわたって稲作漁撈を伝えた、というのが安田喜憲の見立てです。

雲南省の少数民族は日本人に顔がよく似ている、麹《こうじ》酒や納豆といった発酵食品も似ているとよくいわれますが、ルーツが同じなら納得できる話ですね。

縄文時代は、本格的な稲作漁撈文明ではなく「半栽培漁撈文明」だ、と安田はとらえます。森のドングリ・クリ・クルミ、山菜や、イノシシなどの動物に加えて、海の魚介類が主な食物でした。つまり、縄文時代は「森と海の文化」の時代でした。

縄文後期に入ると、稲作がゆるやかに拡大していくわけですが、安田は「稲作の導入が弥生時代を生んだ」という通説を否定します。森と海の国という日本の原型は縄文時代にできあがっており、それは決して変わらなかったというのです。

読者のみなさんは、稲作は弥生時代に始まったと小学校や中学校で教わり、静岡・登呂遺跡の写真や弥生時代の想像図を見たことを覚えていませんか。

いまは、籾《もみ》のあとがついた3500年前の土器や、二千数百年前の水田跡が発見されており、さらにさかのぼれるかもしれない、と考えられているようです。

日本列島には4万年ほど前から人が住みつき、彼らが縄文人の直接の祖先で、その後に弥生人が大陸からわたってきた、とこれまで考えられてきました（二重構造説）。

しかし、縄文人や弥生人の骨からDNAを取り出し、日本やアジアに住む人のDNAと比較する遺伝学の最近の成果からは、縄文後期に長江流域のような南方系の人びとの渡来があったようで、三重構造と見るべきではないか、という説が唱えられています。

稲作漁撈民だから、水を守り、森を守った

いずれにせよ、日本に牧畜文明が入らず、育ちもしなかったことは、日本や日本人には非常に大きな意味がありました。

魚をとり米を作る稲作漁撈民は、稲にも魚にも必要な水を大切にして川を守ります。川に水を供給する森林も守ります。つまり、水・川・海・森林は、稲作漁撈文明とワンセッ

トなのです。

山がちな地形、高い森林率、大量の雨は、豊かな河川をつくります。山や森が多く海までの距離が短いので、日本の河川はとても急峻《きゅうしゅん》です。アマゾン川やミシシッピ川が広い平野をゆるやかに流れているのとは対照的です。

しかも、いちばん長い信濃川ですら全長370キロ足らずと短く、世界最長とされるナイル川の5・5%しかありません。

流れが急で川が短ければ、清流が多くなります。日本の水は世界一きれい。山葵《わさび》は清流に生えるアブラナ科の多年草で日本が原産。鮎《あゆ》も日本ならではの清流の魚。どちらも適当な英訳がないので、海外では「wasabi」「ayu」と呼ばれています。

そんな川が山や森から流れてきます。肉を食べずに米と魚を食べていた人びとは、里山（集落に近い山）の森を大切に守り、厳重なルールを決めて森との共生を図りました。

『桃太郎』の「おじいさんは山へ柴刈りに」は、山に入って小さな雑木を刈り取って燃料にする。落ち葉かきは堆肥に、草刈りは堆肥か家畜の飼料にする。季節にはキノコやタケノコや山菜をとる。

——それが許されるのは村人だけで、草を刈る時期や各戸の割り当て量などが「村掟《むらおきて》」で定められていたのです。

日本は地形が急で狭いので、水田の拡大には限界があります。広い土地に労働力を分散するよりも、狭い土地に労働力を集約し、森の資源を肥料に使って土地の生産性を上げるほうが得策です。

「水源涵養林《かんようりん》」といいますが、森林には、雨水をためて水源を保ち、河川や用水の流量を調節する機能があります。農業用水の確保や、大雨による災害防止のためにも、森は必要でした。

こうして日本人は、森の資源に強く依存する農耕社会をつくっていったのです。

畑作牧畜民は、森をつぶして牧場と麦畑をつくった

ここまでお話ししたことは、日本がヨーロッパとまったく異なる点です。

畑作牧畜文明は、麦作と牧畜がワンセットですから、森林を開墾《かいこん》して牧場と小麦畑をつくらざるをえません。11〜12世紀はヨーロッパの「大開墾時代」で、ブナやナラの大森林が次々と破壊され、牧場と小麦畑に姿を変えていきました。

森をひらいて家畜を飼いはじめると、家畜が周囲の森の若芽をどんどん食べてしまい、やがて森の再生が難しくなります。

森林がなくなると、川への水の供給も断たれ、海に栄養分が注ぎ込むこともなくなっていきます。もともと雨があまり降らないヨーロッパでは、こうした変化が急速に進んでしまいます。

ヨーロッパで森林をよく残しているのは北欧やロシアくらいで、ほかの主要国はオランダ11%、イギリス13%、ベルギー22%、フランス・イタリア・スイス31%、ドイツ32%という具合です（小数点以下切り捨て。２０１５年の世界銀行データより）。

ドイツのグリム童話には、『ヘンゼルとグレーテル』『赤ずきん』『いばら姫』（眠れる森の美女）『白雪姫』など、森の話がたくさん出てきます。絵本やディズニー映画に描かれる深そうな森が国土に占める割合は、じつは日本の半分にも達しません。

こう見てくると、日本人の自然観と、ヨーロッパの人びとの自然観は、違っていないほうが不思議でしょう。

西欧世界に見られる人間中心のヒューマニズムと違って、日本人は、「存在するものすべて生命あるもの、生きとし生きるものと見、この生命あるものを規範として山川から人間まで一切の存在するものを見る（略）『自然生命的存在論』をもっとも強く温存している」

と、安田喜憲は記しています。

一神教は、世界の開発のための宗教だ

日本の仏教や神道を通じて日本人の精神性を追求する哲学者の梅原猛《うめはらたけし》は、日本人の自然観は必然的に多神教に結びつく、と繰り返し述べています。

膨大な著作のある人ですが、『饗宴　随想と対話』（94年）の一節を引きましょう。

「私が一神教より多神教を選びたいもっとも強い理由は、一神教は結局、農耕牧畜文明から発し、世界の開発のための宗教であったということである。一神教は人間のためには涙を流したが、森の植物や動物のために涙を流しはしなかったのである。それは、人間による自然征服を神の名で合理化したのである。（略）一神教は自然の神を殺してしまった。その自然の神に、無数の植物や動物が保護されていたのである」

『旧約聖書』の冒頭には、梅原の主張がズバリそのまま出てきます。

「はじめに神は天と地とを創造された」で始まる『創世記』には、最初の5日間に、神が光をつくり、天（大空）をつくり、陸と海と植物をつくり、太陽と月と星をつくり、海の生き物と鳥をつくって増やした、とあります。

次の6日目に、家畜と這《は》う動物をつくり、自分のかたちに似せて人（男女）をつくり、神は「生めよ、ふえよ、地に満ちよ、地を従わせよ。また海の魚と、空の鳥と、地に動くすべての生き物とを治めよ」「わたしは全地のおもてにある種をもつすべての草と、種のある実を結ぶすべての木とをあなたがたに与える。これはあなたがたの食物となるであろう」といった、と記されています。

こうして7日目に、天と地と森羅万象を完成させる作業が終わったので、この日に休んだ、というのです。つまり、この世のはじめから、すべての動植物という自然は人間が支配するもので、すべての植物は人間の食べ物だったわけです。

そして、そのように世界をつくった超自然的な神様を「人間が発明したのだ」と、梅原は断言します。

『旧約聖書』は、ユダヤ教の聖書で、キリスト教の正典《せいてん》でもあり、イスラム教もその一部（『創世記』を含むモーセ五書と詩篇、福音書）を啓典《けいてん》としています。

ようするにイスラエルのユダヤの人びとと、欧米のキリスト教の人びと、イスラム世界の人びとは、同じ啓典をいただく「啓典の民」(もともとは、イスラム国内にいるが改宗まては求めない異教徒を、イスラム側がそう呼んだ)なのです。

いまの世界は、どう見てもイスラエル・欧米世界とイスラム世界が対立しています。

じつは彼らは同じ一神教の人びとで、どちらも〝開発〟宗教、〝自然征服〟宗教を信じている。もともと同じ原理主義の二大勢力が敵対している、という話です。

世界は、梅原の願う「多神教の勝利」とは逆の方向にむかっている

一方、昔の日本人は、人間は自然の上に立つ存在ではなく、自然の一部であって、死とともにまた自然に戻っていくもの、と思っていたでしょう。

豊かな自然に恵まれた日本人は、自然の一草一木が神であり、人間はそれに抱かれた存在であり、もともと自然の一部なのだ、と考えてきました。

人類はその考え方に立ち戻るべきではないか、と梅原はいいます。

「二十世紀の世紀末は、この一神教から多神教への大きな推移の時ではないかと思う。

私は多神教が勝利し、世界が多神教の方向へ進むことを念願したい。その方が世界の平和と地球環境の保存に有利であるからである。国外および国内の宗教性を失った一神教の台頭に、大いなる忍耐と強いロゴスへの確信でもって対処しなければならないのである」

梅原がこう記した20世紀の末は、２００1年9月11日の同時多発テロも、アフガン戦争も、イラク戦争も起こっていません。イスラム国（ＩＳ）もなく、世界各地で頻発するテロ事件もなく、まだ「テロとの戦争」は始まっていませんでした。

「もう一度人間は、自然を神とした、かつての時代に回帰しなくてはならない」という梅原の主張に、私は基本的に賛成ですが、現実には不可能でしょう。

梅原猛は、寛容な多神教は一神教より本質的に優れている、と明言するのですが、私はそこまでいうべきではないだろう、と思います。

そんなことをいえば、それこそ宗教戦争が始まりかねません。多神教の日本人は、一神教も多神教も優劣をつけずに同じように認めて、一神教同士が敵対していれば、仲裁役に回るべきなのでしょう。

しかし、これまた日米同盟はじめ各国との付き合いがあって、容易ではありません。

哲学者・梅原猛の本は、そんなさまざまなことを考えさせます。

本から本へと芋づる式に、一連の本を読んでいく

この章では、視野を広げる本というくくりで私の読んだ本を紹介してきました。

年表形式の本や生態学を歴史に適用した本からは、読書の対象を自分の専門分野に限定せず、さまざまな分野の本を読んで視野を広げることの大切さがおわかりでしょう。

日本の学校で教える歴史は、日本史と世界史の縦割りになっています。しかも世界史の大部分は、じつは西洋史。それに日本との関係が深い中国や朝鮮半島の歴史を申し訳程度に加えたもの、というのが現実ではないでしょうか。

縦割りの歴史は、小学校から中学までは通しで教えればよいですが、高校くらいからは日本と世界をごたまぜにして、歴史を横に見たり面で見たりする授業をやったほうがよいのではないか、と私は思っています。

読書法の一つとして、みなさんに強くお勧めしたいのは、自分に引っかかったもの——テーマ、著者、特定の言葉、国、時代などがあったとき、本から本へと芋づる式に、一連の何冊かの本を読むことです。

気に入った著者の本を繰り返し手に取る、あるテーマで本を書くと決めれば10～20冊くらいまとめて入手する、と私がお話ししたのは、まさにそれをやっているわけです。

ある著者の本を3冊、5冊と読み進んでいくと、理論を提唱したあと、時がたつにつれて理論を拡張していった筋道がわかるかもしれません。

何かの大事件をきっかけに以前の考えを捨ててしまった、とわかるかもしれません。

ある理論を打ち出した本に加えて、自伝的な本、旅行記や体験記などを読めば、その人の難しい理論のルーツが意外なところにあった、という発見があるかもしれません。

本・絵画・映画・音楽など何でも同じと思うのですが、ある人の書いた・描いた・撮った・つくったものを、一つ二つではなくある程度の分量で自分の中にインプットしていけば、自分の中にその人の小さな〝世界〟をつくって置いておくことになります。

そんな世界をいくつも持っている人は、引き出しをたくさん持ち、必要なとき役に立ちそうな引き出しを開け、解決策を探して、さまざまな問題に対応できる人でしょう。

嫌いな人の本をいくら読んでも、身にはつきません。

「この人の話、好きだなあ」という著者を見つけて、その人の本にしばらく〝はまる〟のは、とてもよいことだと思います。

第5章　経済を学ぶ

――「今日よりいい明日はない」生き方

サックス『世界を救う処方箋』が警告する道徳的な危機

この章では、私が専門分野の経済に関してどんな本を読み、どんなことを教えられてきたか、お話しします。そのあとで、日本経済の現在を論じ、今後を見通していきます。

海外の経済学者の本を、私はよく読みます。

とりわけ、アメリカの経済学者で最近までコロンビア大学地球研究所長だったジェフリー・サックス、2001年にノーベル経済学賞を取ったコロンビア大学教授ジョセフ・E・スティグリッツの本は、二人とも個人的によく知っていることもあって、ほとんど読んでいます。

私が読むのはたいてい日本語に翻訳された本です。英語で読むと、どうしても日本語で読むより時間がかかります。翻訳が出るまで1~2年かかるので、英語で読むより遅れますが、どうってことはありません。

彼らの発言はよく新聞や雑誌に載りますし、国際会議などで会う機会もあります。そもそも古い知り合いですから、彼らの主張はだいたいわかっていて、新著のタイトルを見れば、おおよその内容が想像できます。英語で読むのは、日本語訳のない本やレポートに、どうしても目を通す必要があるときくらいですね。

１９５４年デトロイト生まれのジェフリー・サックスは、途上国経済を研究する開発経済学の専門家。国連の貧困撲滅プロジェクトに関わるなど、貧困との戦いで世界をリードする一人です。

『世界を救う処方箋――「共感の経済学」が未来を創る』（２０１２年）、『地球全体を幸福にする経済学――過密化する世界とグローバル・ゴール』（09年）、『貧困の終焉――２０２５年までに世界を変える』（06年）といった本のタイトルからも、彼の関心領域がわかるでしょう。

『世界を救う処方箋』でサックスは、アメリカは「行きすぎた消費文明と異常なまでの富の追求」によって道徳的な危機の状況にあり、それが格差拡大に象徴的に示される経済危機をもたらしている、と警告しました。

08年秋のリーマンショックに始まる世界金融危機の直後（09年1月）就任したオバマ大統領が、ショックからの立て直し策に追われていたころの話です。

サックスは、問題は経済危機だけではなくて、アメリカの道徳的な危機なのだ、と警鐘を鳴らしたわけです。彼が道徳的な危機と呼んだ、アメリカ人の心理や考え方の変化を、本からいくつか挙げておきましょう。

○「いまのアメリカに不満だ」というアメリカ人は、90年代末には人口の3分の1だったが、いまや3分の2まで増加した。同じ割合のアメリカ人が「この国は悪い方向に進んでいる」と考えている。

○アメリカ国民の多くは、連邦政府とその機関だけではなく、銀行、大企業、報道機関、娯楽産業、労働組合にも強い不信感をいだいている。

○各組織に対するアメリカ国民の評価は、大学・教会・中小企業を除けばどの組織も支持率が50%以下。

アメリカ人は国への信頼感を失っただけではなく、おたがいへの信頼感も失っている。

かつての「アメリカン・ドリーム」は崩れ去った

アメリカには、かつて「アメリカン・ドリーム」が根強くありました。いまは貧しくても、いずれ成功して大金持ちになり、社会のトップに立とうという夢です。アメリカはそれができる国だ、と人びとは信じていました。

そんな夢と希望があればこそ、〝格差〟は、アメリカでは長い間、大きな問題とは見なされなかったのです。

むしろ、格差があるのはアメリカが世界一自由な国である証《あか》しだ、くらいに思われてきました。

しかし、「ウォール街を占拠せよ（Ｏｃｃｕｐｙ Ｗａｌｌ Ｓｔｒｅｅｔ）」を合い言葉に２０１１年９月、米ニューヨークのウォール街はじめ全米各地に広がった反格差デモは、「われわれは99％だ」と叫んでアメリカン・ドリームを否定。「１パーセントの１パーセントによる１パーセントのための政治」を強く非難しました。

実際、アメリカのトップ１％が持つ富は急激に増加して、リーマンショックの前年、サブプライムローンが破綻した07年には、全体の富の23・５％を占めていました。これは世界大恐慌の前年、１９２８年の23・９％と同じ水準です。

70年代の初めには、アメリカを代表する企業１０２社のＣＥＯ（最高経営責任者）が受け取る平均報酬は120万ドルで、フルタイムの一般労働者が受け取る平均給与の40倍でした。

これが2000年には900万ドルで約400倍に、06年には800倍近くまで膨れあがったのです。

CEOの報酬が急増したのはストックオプションの給付が増えたから。野放図な金融資本主義が急膨張し、実体経済とかけ離れたバブルを招いたからです。

ところが、会社を率いるCEOの報酬が急増し、彼らが大金持ちになったのに対して、アメリカの男性正社員の平均手取り給与額は70年代初めから5万ドル弱（インフレ調整後）と、ずっと変わっていません。73年に頭打ちとなってから、ほとんど上昇していないのです。

これでは社会のモラルが崩れていくのも当然だ、富裕層とそれ以外の層とで、アメリカが分裂してしまう、というのが、サックスの危機感でした。

「家にひきこもり、仕事以外の時間をコンピュータやテレビ、またはその他の電子メディアの前で過ごしている」

彼は、アメリカの人びとの内向き姿勢を、こんなふうに形容しました。

世界金融危機に警鐘を鳴らしていたスティグリッツ

43年インディアナ州生まれのジョセフ・スティグリッツは、２００１年にノーベル経済学賞を受賞した経済学者です。

経済学者カール・ウォルシュとの共著『スティグリッツ　入門経済学』は、93年の刊行以来、12年の第４版まで改訂が重ねられて、グローバル経済の基本的な入門書として定評があります。

新しいところでは、『スティグリッツのラーニング・ソサイエティ　生産性を上昇させる社会』（17年）、『スティグリッツ教授の　これから始まる「新しい世界経済」の教科書』（16年）などが出ています。

『世界を不幸にするアメリカの戦争経済　イラク戦費3兆ドルの衝撃』（08年）、『世界に格差をバラ撒いたグローバリズムを正す』（06年）を見ると、日本ではスティグリッツ本におどろおどろしいタイトルをつける習慣があるようです。

スティグリッツは、サブプライムローン破綻からリーマンショックに至る世界金融危機

(07〜08年)より前に「行きすぎた規制緩和がバブルを招いて金融危機を引き起こす」と警鐘を鳴らした、数少ない経済学者の一人でした。

『世界の99%を貧困にする経済』に見るアメリカの格差問題

『世界の99%を貧困にする経済』(12年)では、予想していたことが起こってひどい状況になってきた、と格差の拡大にサックス同様の強い危機感を表明しています。

スティグリッツはこの本で、格差問題を九つの項目に要約しています。的確な指摘ですから引用しておきましょう。

(a)近年のアメリカの所得増は、もっぱら上位1パーセントの層で発生している。
(b)その結果、不平等が拡大している。
(c)中下層の人びとは現在、今世紀の初めよりも苦しい生活を強いられている。
(d)富の不平等は、所得の不平等を上回る。
(e)所得だけでなく、生活水準に影響するさまざまな要素、たとえば経済上の不安や健康についてもあきらかな不平等が見られる。
（f）下層の暮らし向きはとくにきびしく、世界大不況が状況を大幅に悪化させた。
（g）中流層は空洞化してきた。
（h）所得階層間の移動性は小さく、アメリカが機会均等の国であるという考えはおとぎ話になっている。
（i）アメリカは先進工業国のなかで不平等の水準がもっとも高く、不平等を矯正する動きがもっとも小さい。不平等の拡大ペースも、多くの国より速い。

（d）の「富の不平等は、所得の不平等を上回る」は、次のような意味です。
「働けど働けど、給料が上がらず、暮らしが楽にならない。あの人と同じ仕事をしているのに」という不平等もある。しかし、もっと深刻な不平等は「働かないのに急増していく膨大な富がある。大多数はそんな富を持っていないのに」という大問題だ。

その富が増えても、ただ株価や不動産価格が上がっただけの話。何かを生産し、社会に新しい価値をもたらしたわけではありません。その富が増えても、雇用も投資も増えず、実体経済が拡大しないならば、それはつまり〝バブル〟ということです。

「アメリカ・ファースト」「保護主義」という内向き姿勢

サックスやスティグリッツの警告から数年。今日の状況は、どうでしょうか？

リーマンショックに始まった金融危機は、資産を大きく損なう「バランスシート不況」で、回復に4年ほどかかったものの、アメリカの景気はそこそこよくなりました。

しかし、オバマ前大統領が格差解消策として掲げたいわゆるオバマ・ケア（医療保険制度改革）は、17年1月に誕生したトランプ大統領が撤回。

サックスが指摘した「アメリカ人の内向き姿勢」は、トランプ政権の「アメリカ・ファースト」「保護主義」として、内外に打ち出されはじめました。

エルサレムへの米大使館移転、米朝首脳会談、EU・カナダ・メキシコに対する鉄鋼・アルミニウム関税発動といった政策は、18年11月の中間選挙を強く意識して――つまり、強い内向き姿勢で進められています。

これらがアメリカ以外の世界に与える影響には、大統領は関心が薄いようです。

五大湖の南、アパラチア炭田の北に、重工業・製造業地帯が東西に延びています。「自動車の街」デトロイトもここにあります。一帯は工業が停滞し、古く錆《さ》びついた工場や機械が増えて、いつしか「ラストベルト」（サビた地帯）と呼ばれるようになりました。

労働者が多く、民主党が強い州も多かったのですが、先の大統領選ではTPP（環太平洋パートナーシップ協定）参加を決めた民主党から共和党への鞍替《くらが》えが続出。「ラストベルトがトランプを大統領にした」といわれます。

そこで、トランプ大統領は「ラストベルトに雇用を取り戻す」と力説するのですが、輸入品に高関税をかける保護主義だけでは、〝一時しのぎ〟にしかなりません。

高関税は相手国の報復関税を招き、国内にしっぺ返しが必ずきます。

ラストベルトでは、グローバル化で急増した海外の低価格製品に対抗しようと、高付加価値製品の生産に特化する、ロボットを活用する無人化生産を進めるなどした結果、多くの労働者が解雇されたわけです。

高関税をかければ彼らがラストベルトに戻ってくるのかといえば、疑問でしょう。雇用をサービス産業に移す、産業そのものを転換していくといった改革や戦略が必要です。

アメリカの格差問題は、とくに改善されたようには見えません。好景気でやや目立たなくなったものの、格差は依然として深刻だと思います。

『資本主義の終焉と歴史の危機』のいう「長い16世紀」とは

法政大学教授の水野《みずの》和夫《かずお》も、歴史を横方向に広げて、歴史を〝線〟でなく〝面〟としてとらえ、新しい見方を教えてくれるエコノミストです。本が出たらすぐ読もうと私が目配りする経済学者の一人で、一緒に本を出したこともあります。

水野和夫は『資本主義の終焉と歴史の危機』（14年）で、「長い16世紀」という見方を持ち出します。

ふつう「16世紀」といえば１５０１年から１６００年まででですね。その前後に50年ずつ加えた、１４５１年から１６５０年までの２００年が「長い16世紀」です。

名著『地中海』（49年）を書いたフランスの歴史学者ブローデル、その影響下に『近代世界システム』（74年）を書いたアメリカの社会学者ウォーラーステインらに示唆された時代の切り方で、世界史に大きな変化が起こった２００年をいいます。

この２００年間を通じて、資本主義とグローバリゼーションが始まり、中世が終わった――これこそが長い16世紀だ、というのです。

長い16世紀で注目すべき転換点は、1611～21年にイタリアのジェノバで起こった利子率（金利）の2・0％割れ（19年には1・125％まで低下）。かつてなかった衝撃的な出来事だったので、「利子率革命」とも呼ばれています。

この低金利が起こったのは、東地中海や西のグラナダをイスラム勢力に押さえられた中世ヨーロッパが、地中海の〝出口なし〟状況で空間が広がらず、飽和状態になってしまったから。

しかし、1492年のコロンブス以降には新しい空間が急激に膨張。フロンティア（辺境）が発見されたことで投資機会が増大し、利潤率も高まって、株式会社を基礎とする資本主義が勃興していきます。

こうして「長い16世紀」は、中世を終わらせ、近代をスタートさせました。封建社会は崩壊し、国民国家が成立しました。

経済が完全に行き詰まったからにはシステムの一新が必要で、それにいちはやく成功したオランダ、イギリス（どちらも東インド会社を設立）が次の時代を牽引していきます。

長い16世紀は、いま世界が渦中にある「長い21世紀」（1970年～）とよく似ているのだ、と水野和夫は指摘します。21世紀は始まったばかりですが、20世紀からの動きが22

世紀になっても続くはずだから「長い21世紀」と名付けました。

では、「長い16世紀」と「長い21世紀」は、どこが似ているのでしょうか？

やっぱり、利子率です。400年後のいま日本で起こっている超低金利は、先進諸国の低金利とあわせて、地中海の利子率革命に匹敵するものなのです。

日本の長期国債10年物の金利は、金融危機の1997年に2％割れとなり、2011年には1％を割り込んで、16年にはマイナス金利にすらなりました。いまは0・1％にも達しない、ほとんどゼロ金利です。

アメリカ・イギリス・ドイツの長期金利も、08年のリーマンショックのとき2％を下回りました。

長い16世紀には、地中海から世界の海に出ていって新しいフロンティアを開拓し、新しい資本主義を始めたのでしたね。

「ゼロ金利・ゼロ成長・ゼロインフレ時代」を迎えた資本主義のフロンティアは何か、といえば「電子・金融空間」。

でも、ITを駆使した金融取引でいくら時間を切り刻んでいっても意味はない。だから資本主義が終焉を迎えている、というのが水野和夫の説なのです。

資本主義の終わりの始まり。市場資本主義から国家資本主義へ

資本主義は行き詰まった。なぜかといえば、フロンティアが消滅してしまったから。

これが水野和夫の主張のエッセンス、彼の本の「さわり」です。とてもシンプルですが、シンプルだけに説得力があります。

「何いってるんだ。資本主義は終わってなんかいない。げんに世界中で資本主義が続いているではないか」と思う読者も、いらっしゃるでしょう。

それはそうなのですが、彼がいいたいのは、「資本主義の終わりが始まった。このままではどうにもならず、資本主義のやり方を変えていくしかない」ということです。

しかも、今日明日の話でなく「長い21世紀」を見通してそうなるといっていますから、いま資本主義が続いていると指摘するだけでは、反論になりません。

現在の資本主義のやり方を変えていくしかないという点は、私も同感です。

日本経済は、これまでのような成長が期待できない時代に入りました。資本主義のあり

方も変わっていくでしょう。

一つには、自由主義的なマーケット・キャピタリズム（市場資本主義）から、国の影響力がどんどん強まるステート・キャピタリズム（国家資本主義）に近づいていくだろうと思います。

国家資本主義といえば中国の十八番《おはこ》と思いがちですが、そうでもありません。リーマンショックから抜け出すためにアメリカ政府がやったことは、つぶれる寸前の世界的な大企業に軒並み公的資金を投入して一時的に国営化するという国家資本主義。国営化という点だけに注目すれば、あれほど忌み嫌っていた社会主義のソ連や中国と同じやり方をした、といえます。

同じようなことが、経済や社会のさまざまな部門で起こってくるだろう、と私は見ています。

正しい大局観を持つには、データを客観的につかむ

経済学者の本を見るのはこのくらいにして、日本経済をどう見るかという話に移りたい

のですが、その前に、データを客観的につかむことの重要性に触れておきます。

第3章の冒頭で、正しい大局観を持つには歴史に学べ、と申しあげました。

もう一つ、大局観をつかむのにとても有効な方法があります。

それは、データをしっかりと、客観的にとらえることです。

別に難しい作業ではありません。いまはデータベースが整備されていますから、円の動向でも日経平均の推移でも過去何十年分かのデータを、本やインターネットで簡単に手に入れることができます。

そのデータを、ここでこんな事件があったのか、だから円はドルに対して一気に値上がりしたんだな、というように見ていけば、自然と大局観が備わっていくはずです。

世の中の基本的な流れを示すデータ、つまり大局観を持つために役立つデータは、ほとんどが公開されていて、誰でもアクセスできます。

アメリカ経済で重要と考えられている基礎データは、国内総生産、個人消費支出（以上は商務省経済分析局が発表）、貿易収支（商務省センサス局）、鉱工業生産指数（連邦準備制度理事会）、失業率（労働省統計局）など。

よく見られ、話題にされるデータで、新聞各社が常に注目している当局のサイトにも載ります。

本を読んでいると、基礎データに基づいて組み立てた議論をよく見かけます。

こうした基礎データを見るときのコツは、「事前の予想数値に対して、実際にどんな数値が出たか」に着目することです。

たとえば、9月に公表されたアメリカの鉱工業生産指数のデータ（8月の数字）が、ここ10年に2～3回しかなかったような低い数値だったとします。

でも、ほとんどの人が「どうせ今回は、ひどい数値が出るに決まっている」と予想していたのであれば、株式市場などのマーケットはあまり動きません。

逆に、ちょっと低めとはいえ大きな落ち込みを示すわけではなく、年に2～3回あっても珍しくない数値が出たとします。

でも、みんなが「今回は、ちょっとプラスの数値が出るはずだ」と予想していたのであれば、マーケットはガクンと下がります。

マーケットというものは、株式市場や為替市場、穀物市場や原油市場など、すべてそうで、つねに事前予想に基づいた〝将来〟を織り込んでいるものです。

だからデータが「事前予想に比べて」プラスかマイナスかが問題なのであって、データの「絶対値が大きいか小さいか」は関係ありません。
このことは、株式や為替のプロならば、みんなわかっています。

データを見るとき、希望的観測を入れてはいけない

データを見るとき、自分の価値判断を入れないことも大切です。データを「客観的につかむ」と申しあげたのは、このことです。

丁寧にデータを集めて綿密に分析する人が、データに基づく予測をしばしば間違えてしまうのは、数値を見るとき自分のウィッシュフル・シンキング（希望的観測）、つまり「願わくばこうあってほしい」という判断を、無意識のうちに入れてしまうからです。

株式や為替などの金融市場には「ポジション・トーク」という言葉があります。意味は「自分のポジション（位置。株式では「持ち高」）に有利な見通しを語る」こと。

有名投資家が、A社の株式を密かに大量に買い集めておいて、「××業界の株が、これから有望なのではないか。たとえばA社やB社だ」と発言するのがそうです。

あるポジションを取っている自分が得になるようなストーリーを書いたり強調したりす

るわけですが、データ分析でそれをやると、間違えてしまいます。

これは経済にかぎらず、戦争の見通しなどでも同じでしょう。

アフガン戦争やイラク戦争で、アメリカは徹底的に情報分析したはずです。でも、実際に戦争する当事者で、一刻も早く勝って終わりたいので、どうしても希望的観測を入れたり、不都合な情報を過小評価したりしてしまいます。だから、うまくいきません。

理想をいえば、ポジションを持たなければよいわけです。株式も為替もやらなければ、株式・為替データを見るとき、希望的観測が入り込む余地はなくなります。

ところが、株式・為替データを見たい人は、株式や為替に投資している人ですから、取引をやめるのがいちばんですよ、なんていっても意味がありません。情報は余計なバイアスをかけず、できるだけ客観的に見るべきだ、とだけいっておきます。

平均成長率0・9%は、本当に「失われた20年」だったのか?

そこで、日本経済の現在を考えるために、基礎データを押さえましょう。日本の国内総生産（GDP）の実質成長率（内閣府による）は、次のように推移してきました。

（１）「高度成長期」（１９５６〜73年度／昭和31〜48年度）の平均成長率……９・１％
（２）「安定成長期」（74〜90年度／昭和49〜平成２年度）の平均成長率……４・２％
（３）「失われた20年」（91〜２０１２度／平成３〜24年度）の平均成長率……０・９％

56〜73年度は対前年比で１割近い成長を続けた、間違いなく「高度成長期」。成長率が12％を超えた年が60・68・69年と３回あり、いちばん低い71年でも５％成長でした。

オイルショックの73年前後からは「安定成長期」に入り、74年▲０・５％など一時的なマイナス成長も。その後は２〜６％の間を推移し、世界一の債権大国に躍り出て、バブル経済がふくらんでいきます。

以上（１）（２）に異論はありませんが、問題は（３）の期間をどう位置づけるか。

バブルが崩壊したのは91年です。90年の６・２％から、91年２・３％、92年０・７％、93年▲０・５％と、日本経済は急激に後退していきます。

三洋証券や北海道拓殖銀行などが破綻した金融危機の翌98年▲０・９％、リーマンショックの08年▲３・４％、09年▲２・２％はマイナス成長。成長率は高くても95年や10年の

3％台前半で、トータルすれば、平均成長率は1％を割り込んでしまいました。

経済学者を含めて多くの人が、この期間を「失われた20年」と呼んでいます。

しかし、(1)(2)が成長率を見て「高度」「安定」と呼んだのに対して、(3)は成長率0・9％の意味を問わず、情緒的に「何か失われてしまった20年」と呼んでいます。考えてみればおかしな話で、「極低成長期」とでもしたほうが、まだ納得できますね。

同じ呼び方は2000年ごろから始まり、バブル崩壊後の10年を、みんな「失われた10年」といっていました。

この時代は本当に、何かが失われた10年、または失われた20年だったのでしょうか。

私は、そうは思いません。

たとえば日本の「一人あたり名目GDP(米ドル)」は、1987年から2000年まで、98年を除いてアメリカを上回っていました。日本は95年にルクセンブルク・スイスに次ぐ世界第3位、00年はルクセンブルクに次ぐ第2位だったのです。

名目のドル表示ですから円高によって底上げされた側面があるとはいえ、これは無視できない事実。日本がアメリカを抜き世界トップクラスだった時代を「失われた10年」「失われた20年(の前半)」と見なすのは、とても納得できません。

「失われた20年」などなかった。「成長」から「成熟」に段階が移っただけ

日本には「失われた10年」も「失われた20年」もなかった、と私は考えます。

何かが失われたのではなく、「成長段階」だった日本経済が、1990年代以降「成熟段階」に入ったのです。成熟期ならば、1%成長は別に不自然ではないでしょう。

ですから、昭和30年代以降の日本のGDP実質成長率の推移は、次のように書き直さなければいけません。

（1）「高度成長期」（1956～73年度／昭和31～48年度）の平均成長率……9・1%
（2）「安定成長期」（74～90年度／昭和49～平成2年度）の平均成長率……4・2%
（3）「成熟期」（91～2012年度／平成3～24年度）の平均成長率……0・9%

三つ目の時期は、2017年度までデータがあります。13年2・6%、14年▲0・3%などと上下して、平均成長率は〝気持ち〟高まっても、状況は基本的に変わりません。

（３）「成熟期」（91～２０１７年度／平成３～29年度）の平均成長率……１・０％

この期間を「失われた25年」や「失われた四半世紀」と呼ぶ人は、もう、いないはずです。５年後に「失われた30年」と言い換えるのは、どうかしていますから。

だから、「失われた10年」「失われた20年」といっていた人も、やっぱりどうかしていたのです。過去の「成長シンドローム」から抜け出せないまま「失われてしまった」と、ないものねだりをしていたのだ、と私は思っています。

日本経済は「成熟期」にある。成長率１％以下を嘆くことはない

「いや、やっぱり失われたんだ。日本人はすっかり貧乏になってしまった」と嘆き、証拠として、先ほどの「一人あたり名目ＧＤＰ（米ドル）」を持ち出す人がいます。

17年には日本は約３万８４００ドルで、４万ドル近い23位フランス、24位イギリスに続く世界第25位でした。ただし、これは先ほどの話とは逆で、円安局面の数字です。

しかも、1位ルクセンブルク・3位マカオ・9位シンガポール・14位サンマリノ・16位香港など特殊なミニ国家が上位を占めます。2位スイスも842万人で、神奈川県や大阪府より人口が少ない国。北欧諸国、21位ニュージーランド、22位イスラエルも同様です。

都市国家と見るべき国や、人口が日本の数パーセントしかない国と、一人あたりの名目GDPを比べても、ほとんど意味がないでしょう。

こう見てくると、日本の一人あたり名目GDPは、独英仏など西欧主要国と同じような水準で、順位は為替の変動によって簡単に入れ替わると思われます。

日本よりも人口が多く、一人あたり名目GDPが日本を上回るのは8位のアメリカだけです。一人約5万9500ドルですが、これはサックスやスティグリッツが指摘したように、もっぱら上位1%層が増やした富を3億2500万人でならした数字です。

以上のことから、先進諸国の中で日本だけが、バブル崩壊以降ずっと何かを失い続けて貧乏になってしまったとは到底、結論できません。

現在の日本経済は「成熟期」にある。成長率1%以下でも嘆く必要はない。

こう私は、声を大にしていいたいのです。私たちは、世界一豊かとはいわないまでも、日本がかなり豊かな成熟国になったことを、はっきり自覚する必要があります。

人口が減少する中で1％というGDP実質成長率は、不思議なことでも、問題視すべきことでもありません。これこそ、私たちの社会が成熟段階を迎えた証しなのです。

成熟国家には、成長期と異なる、成熟期なりの生き方・暮らし方がある

成熟期には、成長期とは異なる、成熟期なりの生き方や暮らし方があります。

第1に、製造業による成長の限界を知り、社会や産業の構造を変えていくべきです。

成熟社会で物があふれ、しかも「人口減少社会」ですから、日本が製造業で成長することは難しい状況です。グローバルな世界で中国やインドや途上国と競っても、彼らの低い賃金がものをいう製造業の勝負では、かなうはずがありません。

サービス産業のウェイト（サービス産業が実質GDPに占める割合）が70％に達するのは当然のなりゆきです。経済のサービス化を前提として、量や安さではなく、クオリティの高さで勝負することがカギとなっていきます。

日本経済を長く牽引してきた儲け頭のハード産業を、わざわざ捨てる必要などありません。海外に進出し、現地の安い労働力を使って稼げる企業は、どんどん稼げばよい。

しかし、それができずに国内に留まる企業や個人が大半ですから、経済をモノからヒトへ、ハードからソフトへ、量から質へ転換させていく舵取《かじと》りが不可欠です。

第2に、成熟した日本の得意分野や優れた分野を知り、そこにヒト・モノ・カネを精力的に投入して人や企業を育て、世界と勝負していく必要があります。

第3章や第4章でお話しした本の主張を、思い出してください。

日本には、ほかの世界に見られないユニークな特徴、欧米とまったく相反する生き方や考え方があったでしょう。それは、ほかの先進諸国にも、中国やインドにもない、日本の強さを生みだしてきたはずです。

日本の強さを示すキーワードを三つ挙げるならば、(1)環境、(2)安全、(3)健康だ、というのが私の持論です。

この三つで日本は、世界を断然リードしています。

ならば、日本は成熟国家として世界のトップランナーなのだから、成熟国家としてのメリットを最大限生かし、三つの分野で世界と勝負していけばよいのです。

環境・安全・健康は世界一。成熟国家のメリットを最大限に生かせ

（1）環境からお話ししましょう。

繰り返し見てきたように、日本は豊かな「森の国」。清らかな「水の国」。世界三大漁場の一つの豊穣な「海の国」。温暖で美しい「四季がめぐる国」。GDPランキングには反映されませんが、こんなすばらしい自然に囲まれた国は、めったにありません。

だから、日本の環境技術は世界一。水道技術や水処理技術も世界一。高度成長期に公害で苦しんだから大気汚染防止技術も世界一。国内資源が乏しくオイルショックで苦しんだから省エネ技術も世界一。ハイブリッド車も世界一。温水洗浄便座技術も世界一。

福島第一原発事故があったからには、放射能汚染対策や原発廃炉技術でも世界一になるべきです。役に立つかどうかわからない防潮堤で環境を破壊するのはやめ、東北に「世界原子力大学」を創設し、世界中から人を集めたらどうでしょう。

（2）安全といえば、日本の都市ほど安全な街は、世界にありません。

交番システムは世界のお手本です。地震や台風に備える建設土木の安全技術も世界一。

東日本大震災の複合連鎖危機から脱したノウハウは、日本だけが持つ貴重な財産です。

新幹線の安全運行システムも世界一。前の列車が東京駅を出た3分後に次の列車が出て同じ線路を走り、時速３００キロを出す東海道新幹線は、世界の驚異です。
（3）健康の面では、日本人は世界でもっとも健康な国民です。
世界保健機関ＷＨＯの『世界保健統計２０１８』によると、平均寿命（出生時の平均余命）は男女総合で84・2歳の日本が世界第1位。女性でも87・1歳の日本が断トツ1位。男性は81・1歳でスイス81・2歳に迫る2位。日本は文句なしに世界一の長寿国です。

アメリカの平均寿命は78・5歳と、日本より6年近くも短いのです。

日本人に長寿をもたらすのは、米と大豆と魚が中心の食生活。生か、なるべく生に近い状態で食べる。魚は油で炒めず刺身や焼き魚。肉は少なめ。発酵食品もよく食べる――まさに「稲作漁撈文明」のお陰でしょう。日本人に肥満が少ないのも同じ理由です。

寿司や日本食は、異国趣味からでなく、健康によいから世界的にブームです。日本の食材も人気が高く、イタリア料理や北欧料理などにどんどん取り入れられています。

日本の医療水準はきわめて高く、国民健康保険や介護保険などの制度も整っています。

環境・安全・健康が世界一だから、海外から日本を訪れる観光客は増えて当然です。

すばらしい自然を満喫し、どこを訪れても安全で、日本食や温泉などいかにも健康によさそうな体験ができますから。訪日外国人の数は17年に過去最多の２８６９万人でした。20年オリンピック・パラリンピックに向けて、さらに増えるのでしょう。

もっとも、世界一がこんなにある、と喜んでばかりはいられません。

たとえば、日本の環境技術の輸出は、優れた技術のわりに振るいません。英語が不得手なこともあって、外に出ていかない。日本製品は高性能・高価格すぎて、現地のニーズに合わない。個々の機械は非常に優秀だが、システム全体の構築や運用ソフトウェアが弱く欧米企業に負けてしまう——といった問題があるようです。

成熟国家としてのメリットを生かす戦略が、もっと必要でしょう。

「環境・安全・健康」と密接に関係し、もっとも得意なはずの医療や農業分野で、規制緩和や自由化が遅れているのも大きな問題です。規制産業の既得権益システムを見直し、新規参入を推進していくことは、成熟国家の発展に欠かせません。

原発は、一気には無理でも段階的にやめていくべきだ、と私は考えています。現在の政策が、原発再稼働を急ぐ一方で、再生可能エネルギーの普及推進に熱心とは見えないことも、「環境・安全・健康」の強みを損ないかねない懸念材料です。

ポルトガルのことわざ「今日よりいい明日はない」

16〜17世紀ごろポルトガルで生まれた、こんなことわざがあります。

今日よりいい明日はない。

明日は今日よりよくない。ならば明後日《あさって》は明日よりよくない。明明後日《しあさって》は明後日よりよくない。どんどん悪くなって没落していき、もう夢も希望もない状況だ。

ことわざは、そう覚悟をお決めなさい、といっているのでしょうか。

違う、と私は思います。

日本は先の大戦の荒廃から、明日は今日よりよくなる、明後日は明日よりよくなると信じて立ち上がり、高度成長を実現しました。68年にはGNP（国民総生産）で西ドイツを抜き、アメリカに次ぐ世界第2位の経済国になりました。

やがて成長テンポは落ちて安定成長に移行しましたが、80年代後半には一人あたりGD

Pでアメリカを抜き、バブルを内包しながらも豊かな経済大国になりました。

その後、成長スピードはさらに鈍化して、いつも前年よりちょっぴりよいだけの1%成長が続く成熟期に入りました。

だから、いまの日本は豊かなのです。「世界最大の債権国（金貸し国）」と呼ばれ、バブル経済の絶頂にあったときから30年近く、年平均で1%成長を続けてきたのですから。

だから、今日がいちばんいいのです。

ポルトガルのことわざは、この意味に受け取るべきです。ほとんど成長しないことを没落のプロセスと見て怯《おび》えるのではなく、成熟と見て落ち着き、微笑《ほほえ》むべきです。

そうすれば、「明日はもっと成長が必要だ」「今年は昨年よりも成長率を高めなければ」という強迫観念から解放されます。

いまの豊かさをエンジョイし、せいぜい現在より将来が悪くならないように生きればよい。それが成熟期の生き方だ——と、ポルトガルのことわざは教えています。

売上高や所得の伸びなど気にせず、生活の質を向上させ、心の豊かさをはぐくみ、カネやモノに左右されない本当の幸せを手にすることこそ、成熟期に生きる私たちにもっとも必要とされる生き方ではないでしょうか。

読書は、そんな生き方に絶対に不可欠なものだ、と私は思います。

さまざまな人のさまざまな生き方や考え方を、自分の頭や心にインプットする読書は、頭という無限の可能性を秘めた土壌を耕し、心を豊かにはぐくみます。そこから自分オリジナルのアウトプットが生まれ、日々の生活の質を高めていきます。

本を読むとは、そんな、カネやモノに変えられない価値を自分のものにすることでしょう。だから、こうすれば簡単にカネが手に入るというようなハウツー本を私は読みませんし、みなさんに1冊もお勧めしないのです。

物価目標2%は取り下げ。日銀は金融緩和の修正・転換も視野に

そこで、ここ数年で日本政府が打ち出した経済政策、つまり12年末に誕生した第二次安倍政権のアベノミクスの現在を見ておきましょう。三本柱は次の三つです。

(1) 異次元の金融緩和……日銀が民間の持つ国債や株式などの資産を買い入れて、市中におカネを増やす。カネがダブつけば、投資や消費が活発化し、物価も賃金も上が

るはず。物価目標は前年比2％上昇。13年時点の日銀買い入れ基金は100兆円規模。16年からは国債の利回りを事実上0％に誘導しつつ、国債を毎年80兆円買い入れ。

(2) 機動的な財政政策……大規模な公共投資をおこなって景気を刺激する。当初は東北復興、その後は20年オリンピック・パラリンピックに向けて実施。

(3) 成長戦略……いまひとつ具体化されないまま、15年以降は「アベノミクス新・三本の矢」（強い経済・子育て支援・社会保障の充実）を実施。

「物価目標2％は達成不可能だし、意味が薄い」と私は当初から主張し、「デフレからの脱却というスローガンは意味がない」とも強調してきました。

日本の物価低下は〝構造的〟なもので、原因はグローバル化やIT化です。どちらも止められない以上、阻止することができません。物価は構造的に下落し安定しているので、無理やり2％に押し上げる必要などないのです。

案の定、日銀は18年4月から「2％の物価上昇を目指す」という言い方をやめてしまいました。年間80兆円の国債買い入れも、半分程度に減らしているようです。

物価目標を掲げているうちは「目標が未達成だから金融緩和を続ける」と説明できました。目標を取り下げたからには、いつでも金融緩和を手じまいして、引き締めへと方向転換できます。つまり、日銀は〝出口政策〟を視野に入れはじめています。

財政出動による公共事業などで景気を上向かせることには、そこそこ成功しました。ただし、それでも1％成長なのです。20年前後に間違いなく景気は下向くでしょう。どの成長戦略も日本を力強く牽引するものではなく、大きな成長にはつながりません。別にダメ出しするつもりはなく、当然です。日本は成熟期に入ったのですから。

非正規雇用の増大による「格差の拡大」は、無視できない大問題

第3章の冒頭で、2020年前後が日本の大きな転換点となる、とお話ししたように、そのころアベノミクスは、方向転換とはいえないまでも修正が図られるでしょう。

そこで、大きな問題が二つあります。

一つは、サックスやスティグリッツが警告した格差の拡大が、日本でも進んでいることです。ただし、格差そのものも、富の不平等も、アメリカほど大きくはありません。日本

では、所得格差が問題の中心になっていることを、押さえておく必要があります。

グローバル化で日本と世界、とくに日本と中国・韓国など東アジアの経済が一体化していくと、同じ仕事をしているかぎり、賃金が同じ水準に収斂《しゅうれん》していきます。

コンビニや居酒屋チェーンの時給は、日本人も中国・韓国人も同じです。

百円均一ショップの商品、ユニクロの衣料品、ニトリの家具などと同じ（水準の）ものを「日本で」つくる人の賃金は、「中国や韓国や東南アジアで」つくる人の賃金に近づきます。割高な国内輸送費は、アジアからの輸入コストとあまり変わらないからです。

つまり、企業は東アジアのヒトやモノと競合するために、平均賃金を下げざるをえません。かつては終身雇用・年功序列・企業別組合のシステムによって正規雇用を維持していましたが、非正規雇用を増やして対応します。

どの企業も、いまいる社員の賃金は下げたくないので、若年層にしわ寄せがいきます。

バブル崩壊後の就職氷河期に20代前半だった人は、いま50歳に近づいています。

90年に881万人だった非正規雇用者は、12年に２０００万人を突破しました。

雇用者５４６０万人のうち、非正規雇用者（パート・アルバイト・派遣・契約・嘱託など）は２０３６万人で37・３％を占めます。とくに女性が多く、働く女性の68・２％が非正規雇用（1389万人）。うち8割以上の人の年収が200万円に届きません。

こうした非正規雇用の増大が日本の格差を広げており、無視できません。これはグローバル世界の市場競争が招いた「構造的」な問題ですから、企業や産業レベルで解消することはほとんど不可能です。政府が所得の再分配政策をおこなうしかありません。

とくに若い人たちは、非正規雇用はもちろん、正規雇用でも年功序列が依然として幅を利かせているため給料が低く設定されがち。結婚・出産・育児・教育などで出費がかさみますから、結婚や出産を選ばない人も多く、少子化が進むわけです。

日本はこれまで高齢者向けの福祉を厚くしてきましたが、若い人たちの福祉により多くの公費を振り向けなければいけません。

「小さな政府」を続けるか、「大きな政府」を目指すか

もう一つの大問題は、財政再建です。国と地方の借金は1100兆円に近づき、借金できる限界が近づいています。

日本の国債は9割以上を日本人が買っていますから、政府は日本国民から借金をしてい

ます。日本の家計が持つ金融資産は1880兆円で、負債320兆円を差し引いても1500兆円以上。大雑把にいえば、この範囲内であれば国債を発行できる理屈です。まだ余裕はありますが、限界に近づいていることはたしかで、いずれ財政再建に本腰を入れなければなりません。そこで、私はこう考えます。

成熟期の日本は、「環境・安全・健康」に力点を置いて1%程度のゆるやかな成長を持続し、同時に格差の拡大を解消しつつ、財政再建のメドをつけていく必要があるのです。

日本はいま、消費税を8%に据え置き、「国民負担率」(国民が所得から税金と社会保障費をどのくらい支払っているかを示す割合)を40%強の水準とし、どちらかといえばアメリカに近い「小さな政府」を続けています。格差は容認、財政再建も棚上げ状態です。

今後は、どうすべきでしょうか。選択肢は二つです。

(1) 現状の「小さな政府」を続ける。
(2) 西欧諸国のような「大きな政府」を目指す。

格差を解消する再分配政策を実行するには、高負担・高福祉のシステムを導入せざるをえません。西欧諸国の消費税率は、イギリス20％、ドイツ19％、フランス19・6％。国民負担率はイギリス45・9％、ドイツ52・5％、フランス68・2％（14年実績）です。

これらは「大きな政府」です。消費税25％・国民負担率56％のスウェーデンに代表される北欧諸国は「さらに大きな政府」です。

神奈川県や大阪府くらいの人口しかない北欧を、日本がモデルにするのは難しいでしょう。私は、英独仏など西欧のやり方に近づけていくべきだろう、と考えています。消費税も10％から15％、20％と上げていかざるをえないでしょう。

（1）（2）のどちらを選ぶかは、国民による政治の選択です。日本の政党が、こうした大きなビジョンを掲げて議論しないことを、私はものたりなく思っています。

力まず焦らず、自由気ままに、読書の世界を広げてほしい

さて、いよいよ紙幅も尽きました。最後に読書法について、いい残したことを付け加え

ておきます。

成熟の時代には、ゆっくりあわてずに本を読めばよいと思います。みなさんにアドバイスしておきたいのは、決して「無理な計画」を立てないことです。

本を読みつけない人が、「3日で本を1冊、必ず読む」なんて計画を立てても、途中で挫折してしまうのがオチです。

最初はハードルを下げて、「1週間に1冊」や「2週間に1冊」から始めればよいでしょう。しだいに慣れていき、読書がルーティン化していけば、ハードルをさらに上げても苦にはなりません。

書斎に閉じこもって読書だけに集中するのも、全然お勧めしません。私は、いまでも週3回ジムに通って、走ったり筋トレしたり1500メートルほど泳いだりします。だいたい3時間コースで身体を動かして気分爽快、そんな日々の中で本を見るわけです。

夏の休暇には2週間くらい、パラオや沖縄などに行って海に潜ります。身体を動かせば動かすほど、本の中身がすんなり頭に入ってきます。

むりやり読書のための時間をひねり出さなくても、ちょっと空いた時間にパラパラ本をめくればよいのです。講演で地方にいくときは、私は飛行機か新幹線で読む本を必ず1冊持っていきます。

みなさんが、私の読書法や読書体験をいささかでも参考にして、力まず焦らず、自由気ままに本の世界を広げていき、柔軟な頭や豊かな心を持ってくだされば、こんなにうれしいことはありません。

みなさんが、読書というインプットから、数々のすばらしいアウトプットを実現してくださることを願って、このへんで筆をおくことにします。

本書で言及している主な書籍

第1章「さわり」を読む
——頭の中に残る情報だけが重要だ

『ソクラテスの弁明』(プラトン)
『易経』

第2章 読書の土台をつくる
——子どもや学生のころに読んだ本

『三銃士』(アレクサンドル・デュマ)
『ああ無情』(ヴィクトル・ユゴー)
『小公子』(バーネット夫人)
『紅はこべ』(バロネス・オルツィ)
『嘔吐』(ジャン＝ポール・サルトル)
『存在と無』(ジャン＝ポール・サルトル)
『異邦人』(アルベール・カミュ)
『ペスト』(アルベール・カミュ)
『征服者』(アンドレ・マルロー)
『人間の条件』(アンドレ・マルロー)
『経済学・哲学草稿』(カール・マルクス)
『資本論』(カール・マルクス)

第3章 歴史を学ぶ
——大局観が身につく本

『21世紀の資本』(トマ・ピケティ)
『逝きし世の面影』(渡辺京二)
『カムイ伝』(白土三平)
『日本滞在記』(タウンゼント・ハリス)

『江戸時代と近代化』
『タテ社会の人間関係』（中根千枝）
『文明論之概略』（福沢諭吉）
『瘠我慢の説』（福沢諭吉）
『江戸時代の遺産――庶民の生活文化』（スーザン・B．ハンレー）
『この国のかたち』（司馬遼太郎）
『坂の上の雲』（司馬遼太郎）
『龍馬伝説の虚実 勝者が書いた維新の歴史』（榊原英資）
『竜馬がゆく』（司馬遼太郎）
『翔ぶが如く』（司馬遼太郎）
『「明治」という国家』（司馬遼太郎）
『日本文明とは何か――パクス・ヤポニカの可能性』（山折哲雄）

第4章 視野を広げる
――世界を縦・横・斜めに見る本

『情報の歴史―象形文字から人工知能まで』（編集工学研究所 監修・松岡正剛）
『文明の生態史観』（梅棹忠夫）
『文明の海洋史観』（川藤平太）
『稲作漁撈文明―長江文明から弥生文化へ』（安田喜憲）
『饗宴　随想と対話』（梅原猛）

第5章 経済を学ぶ
――「今日よりいい明日はない」生き方

『世界を救う処方箋――「共感の経済学」が未来を創る』（ジェフリー・サックス）
『地球全体を幸福にする経済学―過密化する世界とグローバル・ゴール』（ジェフリー・サックス）
『貧困の終焉―― 2025年までに世界を変える』（ジェフリー・サックス）

『スティグリッツ　入門経済学』（ジョセフ・スティグリッツ カール・ウォルシュ）
『スティグリッツのラーニング・ソサイエティ　生産性を上昇させる社会』（ジョセフ・スティグリッツほか）
『スティグリッツ教授のこれから始まる「新しい世界経済」の教科書』（ジョセフ・スティグリッツ）
『世界を不幸にするアメリカの戦争経済 イラク戦費3兆ドルの衝撃』（ジョセフ・スティグリッツ）
『世界に格差をバラ撒いたグローバリズムを正す』（ジョセフ・スティグリッツ）
『世界の99%を貧困にする経済』（ジョセフ・スティグリッツ）
『資本主義の終焉と歴史の危機』（水野和夫）

構成　坂本衛

榊原英資（さかきばら　えいすけ）

1941年生まれ。東京大学経済学部卒、1965年に大蔵省に入省。ミシガン大学に留学し、経済学博士号取得。1994年に財政金融研究所所長、1995年に国際金融局長を経て1997年に財務官に就任。1999年に大蔵省退官、慶應義塾大学教授、早稲田大学教授を経て、2010年4月から青山学院大学特別招聘教授。著書に『書き換えられた明治維新の真実』、『中流崩壊　日本のサラリーマンが下層化していく』（ともに詩想社）、『幼児化する日本は内側から壊れる』、『榊原英資の成熟戦略』（ともに東洋経済新報社）などがある。

ベスト新書
585

見《み》る読書《どくしょ》

二〇一八年七月二〇日　初版第一刷発行

著者◎榊原英資《さかきばらえいすけ》
発行者◎塚原浩和
発行所◎KKベストセラーズ
東京都豊島区南大塚二丁目二九番七号　〒170-8457
電話　03-5976-9121（代表）
装幀◎坂川事務所
印刷所◎近代美術
製本所◎ナショナル製本
DTP◎三協美術

ISBN978-4-584-12585-4 C0295